区域教研共同体构建研究

构建研究

刘至宁 著

新华出版社

图书在版编目（CIP）数据

区域教研共同体构建研究 / 刘至宁著 . –– 北京：
新华出版社，2023.3

ISBN 978-7-5166-6766-8

Ⅰ . ①区… Ⅱ . ①刘… Ⅲ . ①师资培养—研究 Ⅳ .
① G451.2

中国国家版本馆 CIP 数据核字（2023）第 048643 号

区域教研共同体构建研究

著　　者：刘至宁

责任编辑：赵怀志

封面设计：米　乐

出版发行：新华出版社

地　　址：北京石景山区京原路 8 号　　　邮政编码：100040

网　　址：http://www.xinhuapub.com

经　　销：新华书店

购书热线：010-63077122　　　　　中国新闻书店购书热线：010-63072012

照　　排：北京人文在线文化艺术有限公司

印　　刷：三河市龙大印装有限公司

成品尺寸：170mm×240mm　　1/16

印　　张：17　　　　　　　　　字　　数：253 千字

版　　次：2023 年 6 月第一版　　　印　　次：2023 年 6 月河北第一次印刷

书　　号：ISBN 978-7-5166-6766-8

定　　价：68.00 元

序 一

刘至宁的专著《区域教研共同体构建研究》出版在即，她邀请我写序。虽然自知才疏学浅，学术分量不足，但我还是答应写几句以示祝贺。

刘至宁曾在华东师范大学教育管理学系攻读教育硕士，在此期间，我担任了她的指导教师。关于学位论文的选题，从2015年11月12日开始启动，经过多轮商讨，确定为《劳动技术学科区域教研共同体的构建——基于上海市M区的研究》。选题明确后，开题报告修改了5稿，调查问卷修改过多次，论文修改了4稿。2017年9月29日，论文终于定稿。在我电脑邮箱里，至今保留着论文写作过程中的每一封邮件。看到这些邮件，那段日子历历在目，想起了一起研讨交流、一次次批阅与修改完善的点点滴滴。之所以记述这一段历程，是因为《区域教研共同体构建研究》的"理论研究篇"是以刘至宁的硕士学位论文为基础的。正是经历了前期艰辛的努力与反复的打磨，使得本书有了坚实的理论支撑。本书的"实践研究"篇则是刘至宁对近年来实践探索的梳理与提炼，让我看到了她不断探索所取得的新成果。

纵览全书，有两点感受特别强烈：其一，刘至宁攻读硕士学位收获满满。不仅完成了学业，更强化了研究意识、提升了研究能力。在此后的工作中，她始终用研究的态度来对待工作，很好地践行了"工作研究化，研究工作化"的理念。所以，此书既是她"写"出来的，更是她"做"出来的。其二，"小"学科也可以有大作为。刘至宁是"劳动教育/通用技术"

课程的教研员，这显然是一个容易被人忽视的边缘学科，但她毫不气馁，带领着专、兼职教师干出了成绩，让更多的学生、教师、家长看到了这门课程的独特价值。在"双减"背景下，相信她在学生核心素养的培育方面能够作出更多的贡献。

2022年9月20日，刘至宁在微信中聊到想在硕士论文的基础上补充一些实践材料，出一本专著，问我的意见，我毫不犹豫地表达了支持。没有想到，12月3日她就将书稿发给了我，还是像以往那样风风火火、干事麻利。在专著出版之际，写下以上文字，权作序。

郭继东

2022年12月27日

（郭继东，华东师范大学副教授）

序　二

教学研究是提高教学效能、提升教学质量、实现教育价值的有效途径。教学研究既是源发于教师的个体行为，更是在教学研究组织者有目的的引领下的有意识的教学群体研究的集体行为。随着网络技术的发展及其平台下的教学与研究资源的汇聚，物理空间被有效地突破，给教、学、研带来了便利。然而，教学研究群体的"心——心"相连"网络"却是一个难以突破的空间。《区域教研共同体构建研究》一书正是在这种环境下，力求解决这种"心——心"相连"网络"与"空间"的困境下诞生的，所提出的"区域教研共同体"的教研模式，为教学研究的主持者提供了一种比较有效的解决方案，具有重要的参考价值。

《区域教研共同体构建研究》一书，基于M区区域教学研究的真实的问题，从解决区域内教师、教研员对于教学研究形式的真实需求出发，经由实践到理论，理论到实践的实证与研究的过程。该书的价值主要表现在三个方面：一是基于劳动技术课程下的既往的核心概念、教育思想、教学方式与评价体系的区域教研共同体的研究。二是基于"双新"课程背景的教学方式转变的区域教研共同体的研究。三是从"三维目标"下的劳动技术课程教学设计向"核心素养目标"下的劳动课程教学变革中区域教研共同体新的使命的研究。

例如，"双新"课程背景下的劳动课程的主要教学形式是什么？如何共同研究，设计符合真实的、驱动真实课堂、驱动学生内驱力的真实的情境的区域共同的研究活动；又如何设计从真实情境中呈现真实问题的共同体研究；如何规范解决真实问题活动路径的共同研究；如何从学生立场出发，改变教学的方式，创建学生为主体的"生"本课堂；等等。

又如，基于"劳动教育"大概念下，如何以大任务方式设计劳动课程；如何落实核心素养目标；在劳动课中如何关注与实施单元设计，以及学业评价体系的创设、建模、数据获取、数据分析，形成客观的、可操作的学业评价方式等。

再如，核心素养目标下的课程设计，如何从目标出发，形成比较规范的教学设计教学案、学历案（学习单）文本；如何判断与分解核心素养目标以及属性分析与分解；如何对教学设计中的教学环节、教学过程进行有效设计和控制。

全书共分两篇6章。第一篇，区域教研共用体下的理论研究，共4章。在本篇中，作者梳理了国内外相关的研究成果，界定了核心概念，对劳动技术学科区域教研共同体的特征进行了理论探讨，并以此为基础对上海市M区劳动技术学科教研共同体及其构建情况进行了调查与研究。研究发现，M区劳动技术学科教师群体有区域教研共同体愿景的雏形，但尚未成型并根植于内心；开展了群体性的教研活动，但合作并不稳定与深入；愿意相互支持，但缺失相应的技能。通过梳理M区劳动技术学科教研共同体构建中的问题及表现形式，在分析教研现状和深度反思的基础上，提出了构建区域教研共同体的一些改进策略：理念先行、强化意识、培训跟进、提升能力、机制长效等；关注教育学院组织机构、教研员本身、基层学校领导和劳动技术学科教师群体等多方联动效应；把握区域教研共同体构建的关键特征和要素，以精准有效的策略积极完善区域教研共同体的构建。

第二篇，区域教研共同体下的实践研究，共2章。作者阐述了教研共同体构建最终目的是为学科教学和教师专业发展服务的思想，并在后续对教研共同体研究中开展了学科课程开发、课题研究、论文案例撰写等学科研究工作，进行了文本呈现和提升。其间，用时五年，整理出了目前的教学研究成果。

从全书组成结构中的篇、章所呈现的内容看，"篇"自成一个较为完整的内容；第一篇与第二篇既有内容上的呼应，也有观念上的递进。第一篇以劳动技术课程为主，着重在思想、概念、理论基础、方法等方面进行编写及编撰；章之间的逻辑线条明晰，具有较强的关联性。第二篇则重在劳动课方面，重在对于从"劳动技术"课程到"劳动课"转型的思想、理念、教学方式与评价方式等方面，并以比较详细的案例进行表述。

在当前教育改革的大背景下，如何从"三维目标"转向"核心素养目标"，如何从教师立场转向学生立场，从何实现教、学、评的一致性，顺利实现从"劳动技术"课程转型为"劳动"课程，关键在于教师的思想、观念、行为的转变，任重而道远！期待本书的出版，能够在这种重大的变革时期，为上海市及全国的广大教研员、教师及其他相关工作者提供有益的帮助。

吴 强

2022年12月于上海

（吴强，复旦大学附属中学正高级教师、劳技学科特级教师）

序三：构建区域教研共同体，助力教师专业发展

　　区域教研共同体的构建是区域教研产生实效的重要条件。如何才能有效构建区域教研共同体呢？刘至宁老师的著作《区域教研共同体构建研究》在理论与实践两方面都进行了有益的探索。刘至宁老师在上海市闵行区教育学院工作，多年来她结合自己的工作，致力于区域教研共同体构建的理论探索与实践研究，取得了可喜的成果。这本书就是她多年研究成果的结晶。

　　区域教研共同体是助力教师专业发展的重要力量。教师专业发展需要多方力量的共同作用，是内在力量与外部力量相互交融的结果。教师专业发展的内在力量，主要表现为自我发展的内驱力、持之以恒的学习力、教学实践的行动力、实践基础上的反思力、反思之后的变革力等，外部力量则包括带教师父引领、专业培训、校本研修、区域教研等。每一个方面都有其独特的作用。带教师父引领，可以进行一对一、点对点、面对面、手把手的指导，既有助于宝贵经验的传授，也有助于默会知识的传承。专业培训则可以经由理论讲座、专家引领等方式，学习新理论、汲取新知识。校本研修是同校教师之间的教学观摩、业务切磋，有助于经常性的反思提升。区域教研则是区域范围内专家引领与同侪互助的专业发展力量。每一种外部力量的实现都需要一定的条件，如带教师徒的关系、专家的专业水平、校本研修的文化、区域教研的机制等。其中，区域教研特别需要共同体的构建，因为区域教研的教师来自不同学校、有着不同文化背景，成员

之间的差异明显、异质性较强，构建区域教研共同体则可以充分利用好成员之间的差异性与异质性，形成专业发展的合力与新质，产生独特的作用。

区域教研共同体具有相互学习的功能、教学交流的功能、研究探索的功能，是学习共同体、教学共同体、研究共同体三位一体的有机结合。从不同角度看，参与区域教研共同体的过程是学习过程，需要学习共同体的形成；在区域层面上进行教学交流与探讨，需要教学共同体的建设；在区域范围内围绕相关问题研究探讨，需要研究共同体的构建。正是因为区域教研共同体具有三方面的功能，所以能够促进教师的专业发展。当然，这三方面的功能不是截然分开的，而是三位一体的，共同体成员在共同愿景与目标引领下，围绕相关问题或课题，展开精诚合作，互相学习、教学交流、研究探索，在此过程中开阔眼界、更新理念、掌握理论、丰富知识、提高能力、提升水平。

区域教研共同体功能的多样性也决定了其构建的复杂性。这里面涉及教师、教师所在学校、教育学院、教研员等多种不同类型的主体。多种主体的参与也增加了课题研究的难度。当然，课题研究难度增加的同时，往往也意味着课题价值与意义随之增加。

"区域教研共同体构建研究"就是一个很有价值与意义的课题。从选题角度看，这个课题的关键不在"共同体构建"、不在"教研共同体构建"，而在加了"区域"二字所限定的"区域教研共同体构建"研究。这就进一步限定了研究的范围，聚焦了研究内容。不仅如此，在具体研究中，还将内容聚焦到区域劳动技术学科教研共同体构建上。劳动技术学科教师具有自身特点与特殊性，如队伍不稳定、未必都是科班出身、在教师群体中处于边缘化地位、队伍整体水平参差不齐等。在这样的情况下，构建区域教研共同体，一是非常有必要，通过区域教研共同体提升劳动技术学科教师的整体水平；二是非常有难度，构建出高质量、高水平的区域教研共同体不容易。而这两方面也恰恰可以彰显出本课题研究的价值，通过研究现实中存在的问题，提出解决方案，构建高质量、高水平的区域教研共同体，提升劳动技术学科教师的个人专业水平与队伍整体水平。

本研究做到了理论上的一贯性与逻辑上的自洽性。课题研究需要相应的理论指导。建立在扎实的理论基础上，研究才能做得漂亮。然而，研究中常见的是，前面理论基础部分罗列了一大堆理论，后面研究中却对理论置之不理，结果形成了理论基础与后续研究两张皮的现象。本研究先是对相关理论与文献进行系统梳理，在此基础上归结出区域教研共同体三方面的特征：拥有共同的愿景与目标、开展合作性教研活动、形成有效的支持系统。这就是指导区域教研共同体构建的理论基础，也是本研究的理论框架或研究框架，后面的研究内容紧紧围绕这三方面展开。

在确定理论基础后，通过问卷调查、个人访谈等进行了调查研究，得出区域教研共同体的实际状态：有共同愿景的雏形，但尚未成型并根植于内心；开展了群体性的教研活动，但合作并不稳定与深入；成员之间愿意相互支持，但缺失相应的技能。可以看到，这三个方面是围绕前面所谈的区域教研共同体三方面特征展开的，这是在理论指导下，通过调查研究，检查出了区域教研共同体存在的问题。

接下来，根据存在的问题分析问题存在的原因。主要有以下三方面的原因：一是意识不到位，包括教师对区域教研支持专业发展的意识不到位，教研员尚未对区域教研共同体形成全面认识，区教育学院对劳动技术学科教师提供支持与保障的意识不到位，教师所在学校对劳动技术学科教师的管理不够重视。这几个方面的原因对应教研共同体共同愿景的形成。因为各方面的意识不到位，所以就难以形成区域教研共同体的共同愿景与目标。二是能力有欠缺，包括教师参与教研共同体建设的能力不足，教研员引领教研共同体建构的能力不足，教师所在学校的保障能力欠缺。这些原因对应开展合作性研究活动不强，也对应难以形成有效的支持系统。三是机制不配套，包括区域教研管理与教师专业发展的对接不顺畅，管理机制与监督机制存在疏漏，分层化的管理机制没有建立。这些原因主要对应未能形成有效的支持系统。

原因清楚了，接下来据此提出改进策略。主要有以下三方面的策略：一是理念先行，强化意识。具体包括教育学院要强化责任意识，认清构建区域教研共同体的意义；教研员要培育主动意识，厘定自身在区域教研共同体建设中的角色；教师要突出自觉意识，明确区域教研共同体对个人发展的价值。这些策略主要针对意识不到位的原因，对应拥有共同愿景与目标的特征。二是培训跟进，提升能力。包括教育学院要提供专业培训平台，提高其学科领导力；教研员要搭建培训平台，提高教师参与区域教研共同体建设的能力；教师学院要加强校长培训，提高学校对区域教研共同体建设的支持力度。这些策略主要针对能力欠缺，对应开展合作性教研活动，也部分对应形成有效的支持系统。三是完善机制，形成长效。包括调整组织架构，明确工作职责；区级层面主导，建立核心管理机制；学校积极配合，建立配套的管理制度；坚持长效机制，形成区域教研文化。这些策略主要针对机制不配套的原因，对应形成有效的支持系统的特征。

由上可以看到，本研究的展开思路如下：通过文献梳理，确定本研究的理论基础——基于理论基础，调查区域教研共同体的现状，分析实际状态与问题——根据所发现的问题，分析问题产生的原因——根据原因，基于反思，从多个层面提出改进策略。这就是常规的提出问题、分析问题、解决问题的研究思路。难能可贵的是，本研究能够将区域教研共同体三方面的特征作为理论基础，一以贯之地贯穿始终，做到了理论指导一竿子到底。这看上去很简单，也是研究的应有之理，但实际上真正做到，非常不容易。至宁老师能够很好地做到，体现了她良好的学术素养与扎实的理论功底。也正是因为做到了理论与逻辑上的自洽，所以才能产出高质量的科研成果。

这本书为我们提供了良好的研究范例，提供了有益的研究成果，对区域教研共同体的构建具有很强的指导意义。认真学习借鉴其中的内容与方法，有助于促进区域教研共同体的构建，有助于促进教师的专业发展。

祝贺至宁老师的著作出版，也期待她有更多著作问世。

李冲锋

2023年1月2日晚于上海六楼居

（李冲锋，中国浦东干部学院副教授）

序　四

　　刘至宁老师从2013年起任职小学、初中劳动课程和高中通用技术学科教研员，始终坚持对学科教研和教师团队建设进行积极的探索和研究，在深入教学一线的过程中，经历了大量的与基层教师一起备课、上课、磨课等教学实践；在华东师范大学读研期间，开始就区域教研进行了相关"共同体"方面的理论研究，并与教研实践相结合，总结提炼了区域教研共同体构建的理论基础，在实践中积极撰写相关课题论文和案例，持续积累成果和经验，不断提升学科教研的实效，为学生综合素养培育和教师专业发展营造了专业的教研氛围，得到基层教师的一致好评。

　　《区域教研共同体构建》一书，体现了教研员工作的专业性和研究性，也体现了教研员在学科教学和教师专业发展方面的指导性和服务性。本书在区域教研共同体的概念界定和理论研究方面为其他学科教研提供了很好的理论参考，对区域学科教研中存在的问题、理性反思及改进策略提出了明确的观点和见解，包括对教育学院教研工作的领导力，教研员自身的专业角色定位，基层学校领导的支持、配合等管理机制及学科教师团队建设等方面都作了分层研究，进一步厘定了教研员工作的角色定位和区域教研工作的长效发展机制，特别是在区域教研共同体构建中，近几年来在师生中开展的艺术审美视角下的主题教研和劳动课程大单元设计方面所取得的研究成果，非常值得广大教师做进一步交流和探讨。

　　当我和学院其他领导看到刘老师的研究初稿时，我们都觉得非常有研究的价值和意义，所以学院对她历经十年的研究成果出版一事都给予很多的关心和支持，我们也希望每一位教师都可以在自己平凡的工作岗位上孜孜以求，踔厉进取，能在工作中取得一定的成绩。相信每一分努力都是小小的光点，最终汇聚成光，照亮前行的路。

朱 靖

2022年12月

（朱靖，上海市闵行区教育学院党支部书记兼院长）

目　录

第一篇

区域教研共同体下的

理论研究

绪 论

区域学科教研是教研员主抓的教研工作，但因学科专业领域不同和教师队伍的复杂多样性，使学科教研呈现不同的教研状态。教研员在各自的学科教研工作领域中既有诸多亮点与特色，也存在不少困惑与阻碍。因此，笔者希望通过研究梳理教研工作中的经验，为区域劳动技术（以下简称"劳技"）学科教研提供一定的经验分享和支持帮助。

一、研究背景

在当今技术飞速发展的今天，教育始终面临改革，教师队伍也要在学习和发展中跟上教育改革的步伐。教师需要在工作中不断学习提升，实现自身专业发展和终身学习。教师最常用的学习平台就是学校、区学科教研活动，但很多教师在教研活动中只是走走形式，没有积极地参与学习与合作，不仅对教师自身没有起到真正的帮助作用，对学科教师队伍建设也没有实际效用。

（一）推动教育变革的需要

21世纪以来，世界各国高度关注教师教育改革，国际21世纪教育委员会编写的《教育——财富蕴藏其中》中指出，世界上任何教育的改革如果没有教师的积极合作与参与其中，都不会取得圆满成功，说明了保证教师质量的重要性。

联合国教科文组织出版的《教育改革：经验与前景》中也指出，只有建设一支素质高、能力强的教师队伍，提升教师的整体发展水平，才能很好地进行教育改革。笔者认为，教师参与教研活动的积极性和主动性是有效教研的关键因素，也是建设高质量教师队伍的重要保证。只有教师真正做到专业提升，教育改革才能真正顺利推进。

（二）促进教师专业成长的需要

2012年2月，教育部颁布了《幼儿园教师专业标准（试行）》《小学教师专业标准（试行）》和《中学教师专业标准（试行）》，其中都提到了"终身学习"。同时，在基本内容的"专业能力维度—沟通与合作"里，还提出了"与同事合作交流，分享经验和资源，共同发展"的基本要求。

在上海市闵行区，只有30%左右的中小学配备了1名专职的劳动技术学科教师（以下简称"劳技教师"），其余学校劳技教师都是兼职。在这种情况下，校内的学科教研几乎无法进行，所以区域教研活动就显得尤为重要。可以说，区域教研活动的开展情况在相当程度上决定了劳技教师的专业发展水平。这就意味着需要在区域层面上组织好劳技学科教研活动，为劳技教师的专业提升创造条件。

（三）培育学生核心素养的需求

2016年，在北京师范大学举行的中国学生发展核心素养研究成果发布会指出："中国学生发展核心素养，以科学性、时代性和民族性为基本原则，以培养'全面发展的人'为核心，分为文化基础、自主发展、社会参与三个方面。综合表现为人文底蕴、科学精神、学会学习、健康生活、责任担当、实践创新六大素养……"其中，实践创新核心素养具体包括劳动意识、问题解决、技术应用等基本要点。①所以，学生要在日常学习中通过劳动技术学科课程培养劳动意识和劳动观念，学会发现问题、设计解决问题方案，并通过技术实践和技术应用付诸实施。

学生需要在学习实践中提高技术素养和创新实践能力，需要与社会生产生活密切联系，需要技术实践与应用的学习载体，这些都与劳动技术学科的育人目标是一致的。基于此，需要建设一支高素质、有核心竞争力的劳技教师队伍，以满足学生核心素养培养的需求。

（四）实现劳技学科发展的需要

教育不仅是获得知识，也包括技能、技艺的提升。我国是从1984年4月才正式开始使用"劳动技术教育"这个课程名称的。1993年后，从素质教育的角度对劳动技术教育给予了充分的肯定。新课程把劳动技术教育变成综合实践活动课程，客观上削弱了它的课程地位，劳动技术教育是素质教育的一大要素，应还原它的学科地位。②有研究人员指出："劳动、劳动技术教育在人的个性发展的初级阶段具有奠基功能。人的全面发展的各要素，如道德素养、知识素养、智慧能力、审美情趣、体质体能、劳动素养六大方面，并非平面结构，亦非并列存在，而是呈现出递进、分层次的逻辑结构，而且是立体的多维性的复杂的相互矛盾又统一的关系。"③"二期课改"劳动技术课程的总目标是，通过教与学的实践，使每个学生都"会动手、能设计、爱劳动"，提高学生的技术素养。所以劳动技术学科是一门培养学生创新实践能力、提升学生技术素养的技术实践类学科，但由于学科没有纳入升学学业考试范畴，学校和师生都没有考试的压力，部分学校对劳技学科和劳技教师不够重视，学科也面临趋于边缘化的危机。

当今社会已进入信息技术时代，教育教学改革覆盖了各个学科，劳动

---

① 核心素养研究课题组. 中国学生发展核心素养［J］. 中国教育学刊，2016（10）：1–3.

② 徐长发. 我国劳动技术教育的发展［J］. 教育研究，2004（12）：11.

③ 王鸿江. 现代教育学［M］. 上海：上海教育出版社，2001：413–414.

技术学科在学科发展、课程整合和师资管理上也需要跟上时代的步伐。对于当前劳技学科教学中存在的问题，需要做进一步的梳理，并且要进一步思考和实践劳动技术学科发展的新方向。劳技学科的发展关键在于劳技教师这一群体的教学力量，只有劳技教师发展了，才能让劳动技术学科在创新发展中发挥积极的学科育人价值；同时，通过区域教研的开展，要让学校和劳技教师都能看到劳动技术学科的潜在育人功能，更好地整合教育教学资源，在师资管理和教师培训中不断尝试新的做法和途径，加强劳技教师队伍建设，促进劳技教师的专业化发展。

笔者认为，就促进学生综合素质提高及对学生未来学习专业兴趣引导和职业方向选择而言，劳技学科是有着特有的学科价值和育人价值的学科；就教师而言，还有相当一部分教师需要在这个学科上获得专业发展，所以，劳技学科和劳技教师不应该面临走向边缘化的趋势。在学科管理中，区域教研是一种重要的管理手段，是促进学科不断提升、促进教师专业发展的重要平台。那么如何发挥区域教研组织的作用，如何组织管理好全区劳技学科教师团队，劳技教师群体如何通过区域教研来实现专业发展和专业提升，就成为当前急需着手解决的重要问题。

二、研究的意义

本课题研究具有多方面的理论价值，也能够为实践提供一定的指导，其理论价值与现实意义具体表现在以下几个方面。

（一）理论意义

本课题研究将对区域教研、教研共同体、区域教研共同体的概念进行界定，深入探寻区域教研共同体的要素和特征，再基于这些要素和特征，为上海市闵行区劳技学科区域教研共同体的构建奠定理论基础。

1. 在劳技学科教研中引进区域教研共同体的概念

本研究在理论上将区域教研共同体的概念引进劳技学科的区域教研，为学科带来新的、概念性的教研视角。笔者认为，共同体理论是一种适合劳技教师群体的理论，它能为劳技教师区级教研提供新的教研视角和理论基础。

2. 为建设区域教研组织结构提供理论参考价值

劳技学科在区域教研中传统的组织结构相对简单，本研究将引起教研员和劳技教师对区域教研学科组织结构的关注，通过对共同体概念的介入、共同体构建策略、区域教研活动设计与开展及区域教研文化的形成等方面更多的关注，为区域教研在具体的组织、实践、操作中提供一定的理论参考价值。

3. 为区域教研的科学管理提供理论依据

在学科教研中，需要引导教师以理论指导教学实践，注重劳技教师群体的科学管理，并科学有效地设计、策划和组织开展教研活动，促进劳技教师的教学实践经验和技术实践经验的交流与分享，使劳技学科的区域教研走向规范化和专业化。本研究将在上述方面进行一定的理论探讨。

（二）实践意义

本研究不仅要探讨一些理论问题，更需要回答一些现实问题，为区域学科教研实践的改善提供必要的指导。

1. 有利于帮助教师实现专业提升

通过全面了解劳动技术学科教师队伍的现状，以教研员的视角，针对不同类型劳技教师的特点和需求，有针对性地设计学科教研活动，帮助不同学科背景、不同年龄层次、不同需求的劳技教师找到专业发展方向，找到劳技学科教学的乐趣，发现适应自身学科教研、提升学科专业技能的途径。

鉴于劳技教师队伍的相对复杂性，而且每所学校专职劳技教师最多1名，其余均为兼职教师，一般情况下，学校最多设置劳技学科备课组，参加学校综合教研组或理科教研组的教研活动。在教研活动中，劳技教师经常被边缘化或自我边缘化，基本上没有正常的针对劳技学科的校级教研活动，最多是完成学校的教学管理任务。所以，劳技教师需要一个属于自己，属于劳技学科的教研组织来开展学科教研。

本研究试图找到在区域教研中以建立教研共同体的方式，帮助劳技教师组建适合自己专业发展的教研团队，策划区域教研活动，实现教师专业发展，以便更好地进行劳技学科教学，促进课堂教学改进，并通过学习、合作来提升学科教学能力和技术专长，拥有教师不同阶段职业生涯的职业幸福感。

2. 有利于提高全区学科教研的实效性

通过区域教研共同体的构建，能够更好地调动劳技教师参与学科教研的积极性和主动性，有利于加强全区劳技教师队伍建设，同时使教研活动更有针对性、专题性、适应性和有效性。

3. 有利于形成专业的学科团队

学科发展，首先依赖于教师，依赖于教师对学科的重视、解读，以及在教学中的实施。如果学校只有1～2名"孤独"的劳技教师，没有良好的学科教研氛围，教师有了教学问题和技术问题无处发问、无人交流，只会让教师感到孤独无助，也许会形成模糊、错误、随意的教学习惯，逐渐使得教师与学科一同趋于边缘化。教师通过区域劳技学科教研共同体的构建，找到适合的学习、交流的教研伙伴，形成专业的学科团队可以不断提升专业能力，给劳技学科教学带来新的生机和活力。

三、研究方案的设计

在研究中，需要对课题进行梳理，对研究的概念或研究范围进行界定，以便把握研究目标，确定研究对象，制定合理的研究方法。

（一）研究目标与内容

任何一项研究都需要有明确的研究目标，并且据此分解出具体的研究内容。在本研究中，研究的目标与内容如下。

1. 研究目标

基于上海市闵行区劳技学科的个案，调查区域教研活动的开展情况，重点分析区域教研共同体的构建现状，发现其中存在的问题，剖析问题背后的原因，寻求改进区域教研共同体的思路与方法。

2. 研究内容

其一，对"学习共同体""教研共同体"进行理论研究，探讨区域教研共同体的构成要素与基本特征，为后续的研究奠定理论基础。

其二，通过对全区中小学各学段的劳技教师进行问卷调查并进行数据整理，以及对典型教师代表、学院领导、学校校长或教导主任和市、区劳技教研员从不同角度进行访谈，了解现行的区域劳技学科教研的组织结构、教研模式、教研需求和存在的问题；并对上海市闵行区劳技学科教研现状进行分析和深度反思，剖析其现状在构建区域教研共同体中已经具备的教研基础和所呈现的态势。

其三，根据理论研究和调查研究结果，进一步研究上海市闵行区劳技学科区域教研共同体的改进策略，将原来区域教研的基本状态向更加自觉、更为有效的区域教研共同体的状态推进，为劳技教师群体的学科教研提供支持，促进教师专业发展。

（二）研究方法

在确定了研究目标与内容之后，需要寻找与之相适应的研究方法。在本研究中，笔者将综合运用以下几种研究方法。

1. 文献分析法

本研究主要通过CNKI、超星、万方数据、百度文库等数字化平台及华东师范大学图书馆、闵行区教育学院图书馆、购书等方式，学习和了解有关区域教研、专业学习共同体、共同体构建的相关策略等有关的期刊、学位论文、书籍等，对目前的研究情况进行梳理、分析和比较，对区域教研共同体的概念界定和构建策略提供理论参考，为本研究奠定理论基础。

2. 调查法

（1）问卷法

以中小学各学段劳技教师作为问卷对象，对教研活动现状、存在问题、教师的教研需求及建议等方面进行问卷调查，经过统计分析，全面了解上海市闵行区劳技学科教研现状及组织结构的作用发挥，为区域教研共同体的构建提供数据参考。

抽样方法：整群抽样。总体分群：中小学劳技教师，群内全部调查。

（2）访谈法

通过对中小学不同学段、不同类别与特点的学科教师进行访谈，计划访谈中小学劳技教师10名，包括新教师、青年教师、骨干教师、特色教师、老教师、专职教师、兼职教师等，尽量覆盖不同类别的劳技教师，了解教师对教研活动的真正看法与感受，了解教师对区域教研的需求，意图找到适合劳技学科区域教研活动的组织架构形式和管理办法，为促进劳技教师的专业提升和劳技学科教师团队管理提供具体依据。

对学院领导、学校校长或教导主任和市、区教研员进行个别访谈，了解学科顶层设计的要求或相关领导对教师管理的需求和建议，为研究提供指导性参考。

3. 个案研究

区域教研共同体模型的构建，通过典型个案的研究，来呈现区域教研共同体对教师专业提升、学科建设、教研文化形成的意义以及部分实施效果，计划研究的典型案例包括区域教研活动设计与实施的典型个案、教师教学能力提升的典型个案、教师技术素养提升的典型个案、项目引领下的教研活动有效实施的典型个案等。

（三）研究思路与论文框架

本研究对象具有特殊性，即不稳定、非专业、边缘化是这一教师群体的主要特点。劳技教师来自不同专业背景、具备不同教学能力，有着各种各样的实际问题，主动或被动地成为劳技教师，就是这样一支"参差不齐"又被逐渐趋于边缘化的教师队伍，如何将这一群体建成区域教研共同体，是具有挑战的，也是具有研究价值的。

当前对共同体和学习型团队建设方面的研究较多，但针对区域学科教研的共同体建设相对较少，本研究意图通过构建区域教研共同体，创新区域教研模式，帮助劳技教师实现专业提升，帮助教师找寻学科教学的乐趣与动力，为区域教研方面的研究提供案例和佐证，引起学校和广大教师对劳技学科的关注和重视，无论是在课程整合还是学科创新实践上，都能看到劳技学科在基础型学科教学中所具有的作用和价值，使校级、区级劳动技术学科建设与发展能够找到新的生长点和发展方向。

本书的绪论部分论证了本项研究的意义，设想了具体的研究方案。第一章为基于文献的理论研究，梳理了国内外的研究文献，界定了核心概念，阐述了本项研究的理论基础，探讨了劳动技术学科区域教研共同体的特征。第二章基于前期的理论研究，调查了闵行区劳技学科区域教研活动的现状，分析了区域教研共同体的现实状态。第三章在现状调查的基础上揭示了区域教研共同体构建中的问题，并进一步剖析了问题产生的原因。第四章则基于反思，从多个层面提出了区域教研共同体的改进策略。

区域教研共同体构建的最终目标是服务于广大教师的教育教学工作，服务于学生成长和教师专业发展。所以，在区域教研共同体构建的理论基础上，开展了学科教育教学方面的深度实践研究。在劳动技术学科（劳动课程）区域教研共同体共同体构建上，首先是历经了自由、自主组建个性化教研共同体的过程，到趋于稳定的分学段（小学、初中、高中三个学段）自治型教研共同体，再到以区域教研为引领，各学段教研共同体为主体，并协同个性化"小微"（人数较少、小型或微型）教研共同体共建的区域教研共同体，发挥成员优势或学段共同体优势，以开展学科深度教学和深度教研为愿景，灵活多样地开展学科教研。

目前，区域教研共同体在学科研究上主要集中在艺术审美视角下的初中劳动课程开发和"美劳"共育主题教研引领下的教学研究和单元设计研究。通过问卷调查、教学实践、案例研究和劳动课程在艺术审美方面的深入挖掘和拓展，提炼了初中劳动课程开发的作用和价值，让融入"艺术审美"的劳动课程焕发新的生机和活力，让教师的"教"更为丰厚，让学生的"学"更为灵动。同时，在教育部《义务教育劳动课程标准（2022年版）》和上海市《中小学劳动技术单元教学设计指南》的落实与推进中，既艺术审美视角下的劳动课程开发之后，又继续开展了以"美劳"共育主题教研下的教学研究和单元设计研究，设计了"美劳"共育教学理念下的《大单元设计框架》，并搜集了几篇典型的大单元设计案例，为"美劳"共育下的劳动课程建设提供了有效参考，使劳动课程教学能更好的培育学生在生活中发现美、感知美；在劳动中关注美、体验美并创造美，彰显"以劳育美""以美促劳"的劳动课程新内涵和跨学科协同的新理念。

第一章　基于文献的理论研究

为了更好地对劳技学科区域教研共同体构建情况展开研究，首先要做好前期的理论研究，梳理国内外文献、界定核心概念、明确理论基础，进而揭示劳技学科区域教研共同体的特征。

一、国内外文献述评

教师除了自身知识经验的积累，其专业发展与专业提升离不开学科教研和学科团队，学科教研的作用其实是巨大的，但要看如何发挥。对于区域教研共同体的研究，主要先对学习共同体和共同体构建的相关理论进行研究，找到它们理论的契合点，从而为区域教研共同体的研究打好基础。

（一）关于学习共同体的研究

1989年，美国学者罗森赫兹（Rosenholts）等认为："那些认识到自己的学习和教学行为得到了持续支持的教师比那些没有被支持的教师更忠于自己的事业，而且工作也更有效。当教师们在一起工作，与别人分享他们的技能和智慧、相互学习、就他们关心的问题进行合作的时候，这种支持就得到了证实。"[①]这说明美国已经开始了对教师专业共同体的研究，并且注意到了教师只有在学习和教学上得到了持续支持，才能更加积极主动

---

① 霍尔，霍德. 实施变革：模式、原则与困境［M］. 吴晓玲，译. 杭州：浙江教育出版社，2004：244.

地忠于自己所从事的教育事业，那么教师在一起进行相互学习和合作交流的氛围和环境就成为一种必须或必然。罗森赫兹还强调就他们关心的问题进行合作的研究，才能体现出对教师学习和教学行为得到支持的一种证实，再次说明，大家交流的问题要有共性、共同感兴趣、是共同的需求，当然也是共同的受益者，所以专业共同体必然有着共同提升的目标或解决共同问题的目的。

霍德（Hord. S. M）认为专业学习共同体是促进教师专业发展的有效途径；普鲁伊特（Pruitt，E.Z）和罗伯茨（Roberts. S. M）在《学习型学校的专业发展——合作活动和策略》一书中，也提到了学校创建的学习共同体为教师的专业学习提供学习机会。日本学者佐藤学将21世纪的学校设定为"学习共同体学校"，其中一点提到学校是教师作为专家相互学习的场所。可见，最初的专业学习共同体依然局限在以学校为单位的范畴里。美国西南部教育发展实验室（Southwest Educational Development Laboratory）用九年时间研究薄弱学校创建专业学习共同体，他们以美国的五个州的几所学校作为研究对象，并协助其中的薄弱学校构建专业学习共同体。[①]该研究涉及美国五个州的相关薄弱学校，通过共同体的组建来促进薄弱学校的改变。该共同体的组建虽然涉及五个州的区域，但都是以学校为单位，区域联合的学习共同体尚未形成。

2000年，国际教育改革权威、加拿大著名学者迈克尔·富兰（Michael Fullan）在批评教师专业发展存在的问题时指出，外部的知识和技能的培训本身不够有针对性和时效性，并不能够真正有效地促进教师的成长。[②]2005年，经济合作与发展存在的问题组织（OECD）发表了26国教育政策议题的报告《教师问题：吸引、发展和留住优秀教师》，传递了一

---

① Southwest Educational Development Laboratory. Professional Learning Communities: What are they and why are they important？［EB／OL］. http：//www. sedl. org，change／issues／issues6 1. html

② 魏会廷. 教师学习共同体——促进教师专业发展的新途径［M］. 武汉: 武汉大学出版社，2014：39.

个重要信息：教师所获得的专业发展主要根植于真实教学情境中的参与和实践中所获得的理解中的专业成长，而非仅仅依靠参加师范院校的课程学习所获得的专业提高。这为针对教师教学实践和促进教师专业提升而组织的学科教研活动提供了最有力的证明。

学科教研的形式主要是教研活动，包括校级教研、区级教研和市级教研，对于广大教师而言，主要参与校级和区级教研。无论是校级的，还是区级的，都是教师团队的活动，在教师专业学习与发展中，研究较多的是"教师学习共同体"和"教师专业共同体"及"学习型组织"。"共同体"是一个社会学概念，最早由德国社会学家和哲学家斐迪南·滕尼斯（Ferdiand Tönnies）提出，他在1887年发表《共同体与社会》（Gemeinschaft and Gesellschaf）中指出，共同体的概念在于强调人与人之间的紧密关系，突出归属感和认同感。①20世纪30年代，美国社会学家罗密斯把共同体译为"Community"，它原意为"关系密切的伙伴和共同体"，现在通常指以一定地域为基础的关系密切的社会群体。②他强调的是在一个地区内共同生活，且有共同目标和关系密切的人组成的社会团体，这里明显突出了区域特征。1990年，美国麻省理工学院教授彼德·圣吉（Peter Senge）针对传统组织的弊端，在《第五项修炼：学习型组织的艺术和实务》一书提出一种适合复杂又快速的、又相互依赖的社会发展的组织结构——学习型组织。20世纪90年代后，罗伯茨和普鲁伊特在《学习型学校的专业发展——合作活动和策略》一书中，总结了教师通过专业学习共同体的专业学习与合作所积累的成功经验。③

郑威在《学习共同体——文化生态学习环境的理想架构》一书中指出，"在主体性教育理论的指导下，我们应创设一个教学交往的公共领域

---

① 胡鸿保，姜振华. 从"社区"的词语历程看一个社会学概念内涵的演化［J］. 学术论坛，2002（5）：124.

② 臧杰斌，周文建. 浅谈社区发展与社区建设［J］. 社区，2001（2）：33-34.

③ 黎进萍. 专业学习共同体中的教师专业发展：美国的实践及启示［D］. 兰州：西北师范大学，2007.

——学习共同体。在这个共同体内，没有话语霸权，自由、平等地讨论和协商对话，是自由个体之间以工具和资源为中介而进行的民主、合作式交往"①。吴勋认为教师学习共同体就是实践共同体，他认为"教师学习共同体是诸多教师凝聚在一起，拥有共同的知识和经验，为了一个共同的发展目标，通过相互之间的沟通和交流不断反思，以获得自身和集体共同发展的组织"②。韩明秋提出，要利用区域教师博客群构建教师学习共同体。③在以上研究中，研究者关注了学习共同体创建的环境和共同体是什么样子的，有着怎样的作用，但没有提到教研活动，这些共同体开展活动的方式，其实就是教研活动的一般方式，主要区别在于共同体内成员相对稳定，因为是有共同需求的人自愿组建的，开展学习交流活动的积极性相对较高；而教研活动通常是根据学科、学段划分，由教研员负责组织管理，团队成员相对不固定，教研活动在体现教师的自主自愿性上非常不够，几乎是被动接受工作安排与要求，主动参与的积极性不够。

教研活动本身就是一种教师之间的教学研究活动，也是一个团队的学习研究活动，与教师学习共同体的学习活动有异曲同工之处，"教师学习共同体是教师自发组织的，以提高教师专业能力和促进教师专业发展为根本宗旨，它积极尝试多种自主学习形式，注重成员之间的经验资源共享、实现一种互促共进的教师学习型组织（团体）"④。教师学习共同体有不同的分类标准：根据依托平台不同分为实体和虚拟类型，即线下教师学习共同体和网络环境下的线上学习共同体；根据专业和学科不同，分为共学科和跨学科类型；根据研究问题不同，分为基础型、专业型、研究型等类

①　郑威．学习共同体：文化生态学习环境的理想架构［M］．北京：教育科学出版社，2007：58．

②　吴勋．论教师学习共同体的构建［D］．上海：上海师范大学，2007．

③　韩明秋．利用区域教师博客群构建教师学习共同体［J］．广西教育学院学报，2008（3）：79．

④　魏会廷．教师学习共同体——促进教师专业发展的新途径［M］．武汉：武汉大学出版社：2014．41．

型。这几种学习共同体的分类方法都是相对传统的分类方法，但对现行的教研活动的类型也有一定参考价值的。我们还应看到其中的不同，如"OTO"教研模式①是所谓的"线上线下"教研模式，但已经不是实体和虚拟的区别，而是基于信息技术平台开展的教研活动，"线上"即信息网络平台的应用和网络教研互动；"线下"是对教研活动的组织和策划，如何将教研目的更好地通过网络平台来加以实现，是适应现代教育技术发展下的更高要求的教研活动模式。这为区域教研共同体的构建带来时代性概念和符合时代特征的信息技术应用。

（二）关于共同体构建的研究

专业发展学校（Professional Development School，PDS）是美国教师学习共同体的一种实践模式。PDS主要特点是大学教育学院和中小学共同合作的学校，其核心理念是专注学习、合作文化、定期评定教学与学习效果。PDS的运作模式：一是协定目标，共同决策，考虑成员知识能力结构的异质性，将其纳入决策群体，使得决策开始摆脱行政领导和专家的束缚。二是合作学习、共享实践，凝聚集体智慧，借助同伴的异质性帮助自身完善知识结构，提高专业水平。三是标准化评估，PDS经过多年研究建立了规范的PDS标准体系，横向分为5个子标准：学习共同体、绩效责任和质量保障、合作水平、多样性和公平、结构资源与角色；纵向分为初级阶段、发展阶段、达标阶段和引领阶段4个阶段，通过评估促进学习共同体的发展，吸引更多成员加入。四是支持性条件，包括客观物质条件和主观人力条件，都是保障PDS正常运作的必要条件。②美国的学习共同体运行的要素是：目标、合作、评估和支持，这也是共同体构建所要考虑的必

---

① OTO是一种商务模式，是由 TrialPay 创始人兼CEOAlex Rampell 提出的，"OTO"是"Online To Offline"的简写，即"线上到线下"，就是把线上的消费者带到现实的商店中去，在线支付购买线上的商品和服务，再到线下去享受服务。

② 魏会廷. 教师学习共同体——促进教师专业发展的新途径［M］. 武汉：武汉大学出版社，2014：69–75.

要因素。

黛安·伍德（Diane R. Wood）在《专业学习共同体：教师，知识，认知》一文研究了对于教师学习共同体而言，是如何建立和分享知识的；对于教师个体而言，是如何获得和实践知识的。伍德认为：学生的学习质量取决于教师的教学质量，教师应该学会使用教学知识，教师不仅是教学知识的使用者，也是教学知识的创造者。[①]所以共同体的发展，是在建立和分享知识的前提下实现整体发展的，同时，教师在共同体中获得和实践知识，实现个人发展。从共同体整体发展和教师个人专业发展来看，共同体的构建是需要全体成员相互支持、相互作用的，既要有组织管理来加以适当规范，也要有教研文化的形成来影响教师的参与并激发教师内心真正参与教研的热情。再者，虽然教师自主建立共同的愿景，但还是需要目标引领和专家引领，要向着更高的目标迈进。

宋萑对构建教师专业共同体的观点是：一是教师专业学习共同体中的教师协作文化，二是教师协作文化背后：制度政策与领导。在建立教师的合作文化时，"人为的协作"是必需的，它首先体现在制度保障和政策支持上，还体现校长或是领导者的管理风格，作者用"管理取向"和"领导取向"作为共同体建设中两个阶段所采取的策略。在共同体建设的初级阶段，需要通过奖赏和管理手段，诉诸规章制度来推动教师分享行动，该阶段适用于领导的"管理取向"；进入稳定阶段后，用于扩大共同知识层面，为不同需求的成员提供工作动机，就需要领导的"领导取向"来加以激励和引领，当然，很多时候，两种管理取向是交叉使用的。[②]

"教研共同体，是基于学习共同体的一种联合教研模式，是以同质促进、异质互补的原则建立的。"[③]这非常适用于教研目标相同，但教育教学能力各异的教师群体。吴绍晋在构建中学语文主体互动教研共同体的实

① WOOD. Professional Learning Communities: Teachers, Knowledge, and Knowing [J]. theory into practice，2007（4）：281-290.

② 宋萑. 教师专业共同体研究［M］. 北京：北京师范大学出版社，2015：186-206.

③ 高居二. 论学校教研共同体的构建［J］. 当代教育科学，2010（12）：54.

践中，建立了基本机制和教研模式流程，并确定了"主体"，即语文学科教研员与一线语文教师。[①]在区级学科教研活动中，教研员与一线教师的密切配合是学科发展的前提条件。王志军在《初中文科综合教研共同体的建设研究》中对共同体的构建研究了组织架构，包括构建原则、组织架构和学校层面、校际层面、区级层面之间的关系；在其优化策略里研究了组织建设与制度保障、专题研训与专题论坛，以及专业引领和主题教研。[②]窦青杨在研究中认为，中学学科共同体构建的过程主要包括愿景建设、组织建设、活动建设和文化建设四个方面，其中要改善组织结构，走向教师学习共同体。[③]

通过对"学习共同体"和"共同体构建"的相关文献研究，可以进一步明确区域教研共同体构建的要素，在构建策略上需要关注的层面、阶段、方式方法以及相关问题等，为区域教研共同体的构建奠定理论基础。

（三）简要评论

学习共同体理论为本研究提供了理论依据，比如专业共同体要有共同提升的目标和愿景；对于教师而言，一般的外部知识和技能的培训不能满足教师的教学实践和专业提升的需求，所以需要共同体这样的组织模式；共同体的概念突出人与人之间的关系，体现归属感和认同感，体现资源共享和交流合作，体现区域特征；学习共同体分为不同的类型，也需要不同技术载体作为支撑。教研共同体在构建上主要关注的要素有：共同愿景、合作分享、健全机制、提供资源、教研文化等，同时也提到了"人为的协作"的必要性。

但是，目前对教研共同体的研究一般停留在校内或校际开展，对于区

---

① 吴绍晋. 中学语文主体互动教研共同体构建的探索与反思 [J]. 语文教学之友，2015（1）：6-8.

② 王志军. 初中文科综合教研共同体的建设研究 [D]. 杭州：杭州师范大学，2012.

③ 窦青杨. 初探学科教研共同体的构建——以扬州中学英语教研共同体为例 [C]//江苏省教育学会. 2012江苏省教育学会学术年会. 2012.

域教研共同体，特别是针对开展区级学科教研活动的教师群体还缺少相关组织架构的研究。基于学习共同体开展的教研，是一种联合教研的模式，是以同质促进、异质互补的原则构建的，但共同体构建在概念上关注更多的是同质促进，对异质互补或多元教研的关注相对较少，对成员专业能力相对不均衡的教师群体构成的共同体在教研组织结构和教研模式上研究成果相对偏少。

二、概念界定

在本研究中，涉及的核心概念主要是教研、区域教研、共同体、区域教研共同体等，现逐一界定如下。

（一）教研与区域教研

教师的教研一般是通过教研活动的方式来完成的，而基础性教研首先是校内教研。校内教研活动是根植于教师教学实践中最基本的一种团队活动，特别是学校设置教研组、备课组，由教研组长、备课组长带领和指导，由有经验的优秀教师带教新教师，开展常规性教师合作活动。校内教研是教师教学实践经验的学习分享，学校教研组是教师获得专业提升的主要组织。

1. 教研

关于教研的概念，吴义昌在《对教研活动价值的再认识》一文中提到，教师的教研是指教育实践研究或工作研究，是教师通过对教育过程中存在的问题进行理性认识，提出具体解决方案并付诸实施，从而有效促进学生全面发展的创造性活动。从本质上说，教研活动是教师的创造性实践过程，它具有鲜明的实践指向性，直接目的不是构建教育理论，而是改进实践效果。①

可见，教研的本质，是教师要通过教研来改进教学实践效果，目的是

---

① 吴义昌. 对教研活动价值的再认识［J］. 徐州师范大学学报. 2003，29（2）：156.

促进教师专业发展，所以，教师仅有校内教研是远远不够的，这就需要教师走向校外的、校际的区域教研，区域教研对教师专业发展有着不可替代的作用。劳技教师一般都是兼职教师，专职教师每校一般只有一名，学校也很少配备劳技学科教研组或备课组，所以校内的劳技学科教研相对难于开展，这就使得区级教研成为劳技教师的主要教研形式。

2. 区域教研

叶祥元认为，区域教研，有些地区也称作联片教研，是根据学校现状、地理位置、教学质量、教研能力等方面的实际情况，按片划分教研区域，充分发挥各校优势，加强校际交流研讨，多层面多角度地开展教学研究活动。[①]该定义其实是把区域教研视为校际自愿组织开展的教研活动，考虑到了地理位置而划片教研，校际开展和自愿性开展的特点明显，与区级学科教研活动是完全不同的概念。

张莉、武俊学在《构建教研共同体：区域教研机制建设新途径》一文中提出："区域教研是指由教研机构在省、市、县内的一定区域内开展的、以课程和教学为对象的研究实践。"[②]该定义突出了区域内教研机构的主导性，主要依靠教研机构组织区域教研。区域教研和学校教研相比，规模更大，人员数量更多，活动内容较为相近。目前相关文献资料对校本教研和城乡互助式网络教研的区域教研都有所研究，但对各区开展的区域性学科教研、联片教研的研究还尚显不足。况且区域教研仅依靠教研机构来组织开展，是相对不完善的，这里没有体现教师的主体性和参与性。

笔者认为，以上定义存在以下一些不足：①区域教研不应该仅仅是根据地理位置自愿组织开展的校际教研，这缺乏区域的整体性，也缺乏目标引领；②区域教研也不仅仅是教研机构自上而下组织开展的任务性教研，

① 叶祥元. 联片教研：薄弱区域教师成长的有效途径［J］. 中国教师报，2011
（4）：5.

② 张莉，武俊学. 构建教研共同体：区域教研机制建设新途径［J］. 河北教育（综合版），2012（5）：34–35.

有一定目标引领，但缺乏教师的积极性和参与性的体现；③区域教研也不仅仅是因"以强带弱"而组织开展的合作式教研。这些对区域教研的定义对于较大规模的学科教研来说，都相对片面，应该综合考量区域教研的定义。区域教研的主体是教师，教研活动由教研员、教师、专家负责组织开展，有目标导向，最终目的是促进教师的专业提升；区域教研应该注重区域的整体性和教师群体的多样性，同时注重整合各校教师资源，通过教学指导、合作学习、互动分享等形式组织开展教研活动。

综上所述，笔者认为，区域教研的定义就是指针对一定区域内的教师群体，围绕一定目标，以促进教师专业提升和教师间合作交流为目的而开展的教研活动。本文的区域教研是指区级学科教研，也包括以学科教研为目的的校际教研或联片教研。

（二）共同体与教研共同体

"共同体"一词最早是由滕尼斯在《共同体与社会》一书中提出的，此后被引入了教育领域。

1. 共同体

滕尼斯认为，"人的意志在很多方面都处于相互关系之中；任何这种关系都是一种相互的作用；通过这种积极的关系而形成族群，只要被理解为统一地对内和对外发挥作用的人或物，它就叫作是一种结合。关系本身即结合，或者被理解为现实的和有机的生命——这就是共同体的本质。共同体是持久的和真正的共同生活，共同体本身应该被理解为一种生机勃勃的有机体。"①

共同体是一种关系，是一种结合，是一种共同生活，是一种生机勃勃的有机体，这里的共同生活，也可以理解为共同的学习、共同的实践、共同的合作与交流等，是一个群体的共同活动。既然是共同活动，那势必有其多样性和丰富性，要保证共同体的活力与发展，还需要共同体在活动中追求统一性。雅斯贝斯（Karl Jaspers）认为："理性追求统一，但它并不

---

① 滕尼斯. 共同体与社会 [M]. 林荣远，译. 北京：北京大学出版社，2010：43–45.

是单纯地为统一而追求随便哪种统一，而是追求一切真理全在其中的那个统一。"①

2. 教研共同体

张莉、武俊学将教研共同体定义为："教研共同体是一个由具有共同愿景的组织或个体构成的教研团体，他们在教研过程中，彼此之间进行沟通、交流，分享各种教研资源，共同完成一定的教研任务。"②该定义强调了共同愿景、团体、交流分享等关键要素。

窦青杨将学科教研共同体定义为"是为完成真实任务、问题，成员之间相互依赖、探究、交流和协作的一种教研组织形式"。这里强调教研共同体以校本教研为载体，即校本单位的教研组织，通过共同体来拓宽教研视野。③该定义强调的是任务、问题、探究、交流、协作，并将学科教研共同体定义为一种教研组织形式。

周静忠、冯建跃在《从实践层面谈学校教研共同体建设——以高中物理开展有效教学活动为例》一文中认为，"教研共同体是学校学科专业活动的基层组织，是教师开展教学业务活动的第一平台和第一依托"④。这里强调的教研共同体是基层组织，是一种教学业务平台。

郑望在《构建区域教研共同体 助推教师专业化成长》一文中，认为幼儿园区域教研共同体是联合几所具有共同愿景的幼儿园构成一个教研团体，有实践性中心问题，强调教、学、研一体化，通过解决实际问题来促

---

① 雅斯贝斯. 生存哲学［M］. 王玖兴，译. 上海：上海译文出版社，1994：52.

② 张莉，武俊学. 构建教研共同体：区域教研机制建设新途径［J］. 河北教育（综合版），2012（5）：34-35.

③ 窦青杨. 初探学科教研共同体的构建——以扬州中学英语教研共同体为例［C］// 江苏省教育学会. 2012江苏省教育学会学术年会，2012.

④ 周静忠，冯建跃. 从实践层面谈学校教研共同体建设——以高中物理开展有效教学活动为例［J］. 物理教师，2014（35）：24-26.

进教师专业发展。①该定义强调的区域教研共同体是教研团体，是围绕问题、解决问题而开展的教、学、研一体化活动。

陈中岭在《县域多维网络联动教研共同体的构建与实验研究》中提到，"教研（教科研）共同体是多个教师为了共同实现某一特定研究目的而聚合在一起的一种理性选择下的协作、互助、共进的学习和研究组织，其成员之间具有共同的愿望，围绕特定的研究任务"②。这里的教研共同体强调了目的、协作、愿望、任务、研究组织等关键词，相对概念的要素较为全面。

吴绍晋认为，"'教研共同体'指的是由教研机构语文教研员与中学语文教师共同组成的实施教研活动的特定组织形式。可以由教研员与一所学校或若干所学校的语文教师共同组成"③。这种提法基本上与学科教研的形式较为接近。但是该文研究的是前者，还是以学校教研共同体建设为主要内容，而不是区域学科教研共同体的研究。

综上，对多种教研共同体的概念界定进行了分析、借鉴和研究后，明确了教研共同体的要素主要包括一个组织，从事教研活动，有共同的愿景或目标，围绕实践性的问题，完成一定的教研任务，注重合作与交流，最终目的是促进教师专业提升。笔者认为除此之外，在劳技学科相对复杂的教师群体中，仅有共同愿景还是不够的，还应关注教师的教研需求，考虑到教研需求的多样性，应有一定的专业引领或目标导向以助推共同愿景的形成，并具可操作性。所以本研究致力于区域教研共同体的研究，针对区级劳技教师学科团队，即全区各校劳技教师，构建更具专业特点和引领导向的区域教研共同体，尝试更好地组织开展上海市闵行区劳技学科教研活

①　郑望. 构建区域教研共同体 助推教师专业化成长［J］. 幼儿100（教师版），2013（4）：18–22.

②　陈中岭. 县域多维网络联动教研共同体的构建与实验研究［J］. 现代中小学教育，2014（30）：62–67.

③　吴绍晋. 中学语文主体互动教研共同体构建的探索与反思［J］. 语文教学之友，2015（1）：6–8.

动，打造一支优秀的劳技教师队伍，让劳技教师群体的每个人都能获得适合个体专业发展的、相对应的教育教学能力提升。

所以，本研究将教研共同体定义为：教研共同体是指具有共同教研愿景、有目标引领并能合作开展教研活动的教师群体。

（三）区域教研共同体

区域教研共同体就是指在一定区域内，具有共同教研愿景、有目标引领并能合作开展教研活动的教师群体。

本课题研究的区域教研共同体主要指上海市闵行区参加区级劳技学科教研活动的教师群体。区域教研共同体主要分为"自上而下"的主导式区域教研共同体和"自下而上"的自发式区域教研共同体两类组织形式。主导式区域教研共同体主要由教研员主导的区级学科教研活动的全体劳技教师组成的教研共同体和以区级学科项目教研为载体的校际联合教研或联片教研而由部分教师组成的教研共同体；自发式区域教研共同体主要是得到区级认可的教研共同体，也就是说某些自发组织的教研共同体所开展的学科教研是面向全区开放、资源共享、满足教师需求而灵活开展教研活动的共同体，也属于区域教研共同体的范畴。

三、本研究的理论基础

为了使研究不停留在经验层面上，本研究以专业学习共同体理论和教师专业发展理论为基础，力求使研究具有扎实的理论依据。

（一）专业学习共同体理论

劳尔（Lauer）和迪安（Dean）的研究对教师专业学习共同体进行了理论架构，"主要从分享目标感和关注学生、分享的决策、协作活动和去个体化实践、教研员支持与合作四个维度建构教师专业学习共同体"[1]。

---

① 宋萑. 教师专业共同体研究［M］. 北京：北京师范大学出版社. 2015：57

通过对劳尔和迪安的教师专业学习共同体理论进行解析和迁移，使其理论框架可以作为本研究的理论基础。

分享目标和关注学生学习，旨在提升学生学习的共同愿景，以共同愿景作为目标导向，形成组织发展的方向。分享的决策原意是指教师专业学习共同体要求学校决策和领导权的分享，其实就是共同体本身发展的决策分享，这也是教师自身专业发展的需求，有了决策分享，就可以激发自身专业发展的动机。协作活动和去个体化实践关注的是教师共同的实践和实践的分享，强调教师之间的协助与配合，鼓励和支持，所有成员都是共同体的一部分，既是整体发展，同时，共同体也是个人发展的力量源泉。教研员支持与合作，这是共同体策划、组织开展活动的有力支撑环节，特别是区域学科共同体，更离不开教研员的支持与配合，再者，教研员组织开展的学科教研活动，本身就是一个学科共同体活动，所以只有教研员与学科教师互相支持合作，才能推进共同体的持续发展。

（二）教师专业发展理论

1966年，国际劳工组织和联合国教科文组织在《关于教师的地位和工作建议》中提出，把教育工作视为专门职业。时至今日，教师专业发展已成为21世纪教师教育的主流话语。有研究人员在对这些关于教师专业发展内涵梳理和研究后，总结道："教师专业发展是以教师个人成长为导向，以专业化或成熟为目标，以教师知识、技能、信念、态度、情意等专业素质提高为内容的教师个体专业内在动态持续的终生发展过程，教师个体在此过程中的主体性得以充分发挥，人生价值得以最大限度实现。教师需要通过不断的学习和探究历程来拓展其专业内涵，提高专业水平，达到专业成熟的境界。"[①]

劳技学科区域教研共同体的构建，其重要的目的是促进教师的专业发展。因此，教师专业发展理论对于本研究无疑具有十分重要的启示意义。

---

① 魏会廷. 教师学习共同体——促进教师专业发展的新途径［M］. 武汉：武汉大学出版社，2014：4-7.

区域教研共同体中的教师最终要达到什么要求？共同体的构建如何分阶段推进？区域教研共同体的成效怎样进行评估？这些都可以借助教师专业发展理论的相关成果，在已有的研究成果基础上展开进一步的细化思考。

四、劳动技术学科区域教研共同体的特征探寻

通过以上的相关理论和文献资料研究，在现行的劳动技术学科教研工作的基本要求下和劳技教师专业发展的具体实际情况的需求下，本研究对劳动技术学科区域教研共同体的特征做了如下梳理。

（一）拥有共同的愿景与目标

彼得·圣吉这样描述共同愿景：共同愿景是未来共同的图景，它能孕育真正的承诺和投入，而不是服从组织的目标；是一种为学习提供聚焦和能量的"组织成员心中的力量"。他把愿景看作在组织里信任和承诺的基础。在他的模型里他把愿景当成公司发展的驱动力。[1]

马奎特（Michael J.Marquardt）认为，为了确保学习型组织的顺利诞生和茁壮成长，必须聚焦四要素，即愿景、文化、战略和结构。其中愿景要是一种共享的愿景，因为很难想象任何一个组织没有深入人心的愿景却能取得成功并持续成功。共享的愿景为组织发展提供了学习的目标和动力；隐喻了行动的方向；将人们从得过且过的现状中唤醒，催人奋进；同时，共享价值观在组织需要储备和传递的时候发挥重要作用。[2]

在劳动技术学科教研中，工作的整体目标是推进区域劳动技术学科的整体发展，促进教师个体的专业发展，这就需要区域内全体劳技教师认识到区域学科教研的作用和价值，所以需要劳技教师在劳技学科发展的价值认同方面和个人专业发展的愿景保持协调一致，使区域教研共同体的建设

① 潘体福. 学习型学校建立共同愿景的策略研究［D］. 北京：首都师范大学，2013.

② 马奎特. 学习型组织的顶层设计［M］. 顾增旺，周蓓华，译. 北京：机械工业出版社，2015：70—71.

和发展愿景与劳技教师个人发展的愿景保持一致。所以，劳技学科区域教研共同体在共同愿景方面的特征应该主要是：

第一，有愿景。劳技教师因为群体特征具有专业背景不同、教育教学工作分工不同、年龄层次不同、经验不同，以及对劳技学科的教学认识、教学态度等方面都各不同，所以需要在区域教研层面上帮助劳技教师建立愿景意识，帮助劳技教师发现自身专业优势，看到自身的未来专业发展方向，让教师在劳技学科教学上也能够拥有良好的开端、良好的工作状态和教学状态，这样才能更好地融入劳技学科教学团队，才能激发教师的工作热情和教学智慧。

第二，有共同愿景。在帮助教师建立初步教师专业发展的愿景后，教研员和教研共同体的核心成员，就要引导劳技教师在团队性的区域教研中，有方向性地将自身发展愿景与区域教研共同体的发展愿景结合起来，互为依托，共同发展。将教师的个人发展愿景与区域学科教研的发展愿景紧密联系并协调一致，引导教师关注学科发展，也帮助教研员在思考学科发展的同时更好地兼顾教师需求和教师的个人发展愿景。愿景应由共同体教师共同协商制定，逐步修改完善，从而使区域教研共同体形成具有发展性的共同愿景。

第三，建立目标，落实愿景。所谓愿景，就是希望看到的情景，是一种美好的愿望和期许。愿景往往较为宏观与宽泛，在实践过程中需要通过具体目标的建立来落实愿景。在关联性上，目标必须与愿景保持一致。在操作性上，目标必须遵循SMART原则，[①]即S（Specific）是指目标必须是具体的；M（Measurable）是指目标必须是可以衡量的；A（Attainable）是指目标必须是可以达到的；R（Relevant）是指目标要与其他目标具有一定的相关性；T（Time-bound）是指目标必须具有明确的截止期限。区域教研共同体在制定目标过程中，可以依据目标的具体性、可衡量、可实现、相关性和时间节点来制定阶段性目标或者项目性目标等，为实现共同愿景而逐步努力。

---

① 德鲁克. 管理的实践［M］. 齐若兰，译. 北京：机械工业出版社，2009：95-96.

（二）开展合作性的教研活动

张康之、张乾友在《共同体的进化》中指出：共同体的发展是从"自我"到"他人"的认识过程，也是从"自我认同"走向"组织认同"，并逐渐超越认同与承认，最终走向合作之路。在合作关系的基础上，人们也就成了彼此之间的合作主体。"合作主体是完整的主体，它自由自觉地对他人开放，自由自觉地与他人交往，自由自觉地与他人合作，而在交往与合作的过程中，彼此间的相互承认也就真正是平等的主体间的互动。"①

合作性的教研可以以合作学习的相关理论作为参照点，关于合作学习的理论有很多，从适合合作性教研这一角度看，美国著名教育学家、肯塔基大学教授嘎斯基（Tom Guskey）博士的观点体现了合作性活动的本质，他指出，"这种共同活动，不仅可以减轻教师每个人的工作量，而且还能提高工作结果的质量。教师会成为彼此观念上的神奇源泉"②。

合作性的教研活动是一种合作性的学习和实践，教师能够在合作性的教研活动中获得收获和成长。正如加拿大学者郎麦克贝斯（Lang，H. R.，Mcbeach，A.）和赫伯特（Herbert，J.）所说的："合作教学就是强调合作学习的教学，他提供给学生共同活动的优势，使学生在就合作性的任务进行学习的互动过程中获得彼此支持。"③

劳技学科教研注重教学实践和技术实践方面的教研，特别是优秀教师的教学经验和技术经验方面的传播和交流，是非常需要合作教研这种教研形式的。合作教研体现了自由、自觉、平等、开放、高效、分享、互助、成长等特征，适合劳技教师这样的多样化教师群体的区域教研，能更好地调动教师参与团队教研的积极性，也能更加科学、合理地发挥优秀劳技教

---

① 张康之，张乾友. 共同体的进化［M］. 北京：中国社会科学出版社，2012：119-130.

② HEZALIP. Outcome interview：Tom guskey［J］. Outcomes，1993（1）：4.

③ MCBEACH，Herbert. Teaching. Strategise and methods for student-centered instruction［M］. toronto：Harcoure Brace，1995：346.

师的指导和互助作用，帮助不同类型的教师在共同体中明确不同的角色分工，营造和谐的区域教研氛围，帮助教师在区域教研共同体中获得学习和成长，有利于劳技学科区域教研共同体的建设与发展。

当然，教研活动的开展，既要根据市、区学科教研工作的指导目标进行组织开展，也要符合教师对教研活动的需求，更要调动广大劳技教师参与区域教研的积极性和主动性，这就要求教研员和教师之间、教师与教师之间开展合作性教研，既满足学科教研需求，又可以提高教研活动的实效性。

（三）形成有效的支持系统

布赖登（Diana Brydon）等人指出，共同体的有效运作存在若干障碍，比如观念过于简单化、网上共同体与现实环境会产生一些矛盾等。最后得出结论：共同体总是处于内部力量和外部力量的不断互动之中。[①]可见，共同体在运作和发展的过程中，不仅是共同体自身建设，还与外部环境以及各部门的支持和配合有着重大关联。

同样地，劳技学科教研活动的开展也需要得到市、区教研机构、学校、学科教研组及广大劳技教师的支持与配合，这个支持系统主要是在教研员和广大教师之间，通过市、区教研机构和学校教研工作的组织管理建立起畅达的组织管理体系，关键是要形成有效的支持系统。

吴志宏、冯大鸣、魏志春在《新编教育管理学》中指出，校本教师专业发展管理需要制度保障、资源保障和文化保障三种必要的保障。笔者认为，共同体建设与管理也需要依据这三种必要保障形成必要的支持系统：一是共同体运作和持续发展的制度支持；二是要提供物质保障和人力保障的资源支持；三是保障共同体良性运作的教研文化、教师合作氛围以及教师人际关系等内部的软实力支持。这三种支持体系是共同体运作的最基本的支持系统，只有把支持系统构建好，共同体的发展才会水到渠成。

---

① 布赖登，科尔曼. 反思共同体——多学科视角与全球语境［M］. 严海波等译. 北京：社会科学文献出版社，2011：27.

所谓有效的支持系统，就是把制度支持、资源支持和软实力支持进行协调运作，形成良性发展，即有效。也就是说，教研机构、学校、学科中心教研组与广大劳技教师在区域教研共同体活动中，能做到协调配合、组织有序、互为支持和互为监督，共同体制度不断完善、教研活动信息畅达，能发掘区域、学校、教研组等多方教研资源，能充分保障区域教研活动的顺利开展，各部门都能做到各负其责，参与的相关教师都能做到人尽其责，如此就是一种最为有效的支持和保障。

从对劳技教师的访谈中可以看出，共同体有效运作的条件主要依据物质条件、人力资源，以及共同体内部的责任分工和协调发展的目标、组织和引导。只有共同体外部力量和其自身内部力量的共同支持，才能保证共同体的有效运作。比如，S老师希望有"固定工作室的选址和材料工具的准备"；H老师提出要"成立组织机构，落实负责人"；L老师建议"区教研员与学校、教师之间互相配合，以教师的任职学校为教研基地，以教师为主体，以本校校长和领导干部为组织者、领导者，以区教研员为协作者、引导者、主动介入者，以提高教学实际能力，促进教师专业成长。抱团协作、务实创新、共享共研、合作共赢"。

在与劳技教师的网络交流中，不少教师提出要"改变口头重视、实际忽视的状况；改变教研是教研员和中心组等少数人的事的状况"，希望"实行区域组长负责制，组长学校制定相关细则及活动方案，成员学校根据学校特色提供活动内容及研讨内容"。可见，在共同体中最主要的支持还是来自全体成员的支持、信任和智慧，这是共同体的软支持，也是共同体软实力的内在体现。所以，教研活动的组织开展、教研员引领作用、教师合作作用的发挥、共同体制度的应用等，都是区域教研共同体运作的必要的支持条件。

第二章　基于现实的调查分析

上海市闵行区是连接市区和郊区的过渡性城区，地域狭长。2015年上海市闵行区教育统计年鉴显示，闵行区有学校、幼儿园317所，其中中学65所，九年一贯制学校13所，小学63所，学生人数225418人，教师人数15454人，是教育大区。特点是地域辽阔，学校数量多，教师人数多，教师队伍结构复杂多样。

一、调查的设计与实施

为了确保研究建立在坚实的事实基础之上，笔者在研究过程中开展了调查研究。

（一）调查目的

基于上海市闵行区劳技学科的区域教研个案，根据具体的调查情况，重点分析区域教研共同体的构建现状，并针对问题剖析其成因，寻求解决问题的突破点，找到改进区域教研共同体的思路与方法。

（二）调查对象

本次调研的形式主要为问卷和访谈，调研的对象为全区中小学各学段的劳技教师；访谈的对象主要是典型教师代表、学院领导、学校校长或教导主任和市、区劳技教研员等相关人员。

1. 问卷对象情况

2016年11月通过学科网络教研的形式对全区120所中小学发放了调研问卷，收回问卷115份，回收率为95.8%，其中，有效问卷115份，有效率为100%。全区劳技教师基本情况和学科背景情况，如表1-2-1、表1-2-2所示。

表1-2-1　上海市闵行区劳动技术学科教师基本情况

备选项	性　别			
	男		女	
百分比	37.39%		62.61%	
备选项	年　龄			
	28岁以下	29岁~40岁	41岁~50岁	51岁以上
百分比	20.87%	36.52%	32.17%	24.35%
男/女数	2/6	8/34	12/25	21/7
备选项	职称			
	初级教师	中级教师	高级教师	
百分比	30.43%	59.13%	10.43%	
备选项	学　历			
	本科	研究生课程班	硕士在读	硕士研究生
百分比	88.7%	2.61%	1.74%	6.96%

由于劳动技术学科教师不管是专职教师还是兼职教师，都有不同学科背景，所以调查中还对其学科背景进行了调查，这里的劳技选项，不是指教师的专业背景，基本上相当于劳技学科专职教师，如表1-2-2所示。

表1-2-2　闵行区劳动技术学科教师学科背景情况

选项	小计/人	比例/%
语、数、外三门主学科	21	18.26
自然、科学、化学、生物等理科学科	11	9.57
信息、音乐、体育、教育技术、研究型、拓展型课程等学科	15	13.04

选项	小计/人	比例/%
物理	13	11.3
美术	8	6.96
劳技（相当于专职教师）	47	40.87
本题有效填写人次	115	

2. 访谈对象情况

访谈对象分别选择了4个组群代表共17人。主要分为：代表典型劳动技术学科教师的组群、代表区级学科管理的学院领导或部门领导的组群、代表校级学科管理的学校校长或教导主任组群以及代表学科专家组组群的市、区劳技教研员等相关人员（表1-2-3）。

表1-2-3　访谈对象基本情况

身份	被访者	职务或任教年级	单位
劳动技术学科教师	W老师	高二	MH中学
	C老师	高一、高二	QB中学
	Z老师	七年级	QBSY中学
	Q老师	八年级	SXSY中学
	D老师	四年级、五年级	QBSY小学
	W老师	四年级、五年级	JHSY学校
区级：学院领导部门领导	G老师	副院长	教育学院
	Q老师	部门主任	教育学院
	S老师	部门主任	教育学院
校级：校长教导主任教研组长	D老师	校长	PJ高中
	Z老师	校长	JL学校
	L老师	教导主任	JDE附中
	J老师	教研组长	WL中学
专家组：市教研员区教研员	H老师	市劳技学科教研员	市教研室
	Z老师	P区劳技学科教研员	PTQ教育学院
	J老师	J区劳技学科教研员	JSQ教育学院
	T老师	闵行区劳技学科教研员	退休

这样选择访谈对象，主要是考虑到对劳动技术的学科管理与发展和对劳技教师的管理能够自上而下建立一个通达的管理体系，既能了解教师的想法和需求，也能了解上级部门和领导对劳技学科发展的目标要求及发展策略，尽量为市、区、校的联动管理提供真实的访谈依据。

（三）调查工具

为完成研究任务和达成调查的目的，笔者编制了1份较为全面的调查问卷和4份针对不同访谈对象的访谈提纲。

1. 调查问卷

自编《闵行区劳技学科"区级教研"现状调查问卷》，针对全区中小学劳技教师（详见附录一）。主要调查劳技教师的个人背景资料、参加区级学科教研活动的情况、参加区级学科教研活动的问题和建议，以及有哪些改进意见等，重点调研教师对区级学科教研组织工作的现状、愿景与建议，为区域教研共同体的发展提供真实有效的依据。

"个人背景资料"包括性别、年龄、学科背景、专业发展现状等10个子项；区学科教研现状包含能否按时参加、适合的教研活动形式等5项；对区级教研活动的问题和建议包括参加区级教研的目的、参与教研活动情况、对组织管理与制度保障等方面的调查20项。问卷共涉及35项单选或多选题，可以较为全面地了解区域教研共同体的基本现状和未来发展方向。

2. 访谈提纲

根据访谈对象有针对性地设计了4份访谈提纲（详见附录二），访谈时做好记录并后期整理。访谈提纲使用情况如表1-2-4所示。

表1-2-4 访谈提纲的使用情况

提纲编号	访谈对象	访谈目的
1	劳技教师	了解劳技教师对区级教研共同体的认识和需求；了解教师对个人专业发展的目标和预期；了解学科教师对区域教研共同体构建的愿景、参与程度、支持和建议等

续表

提纲 编号	访谈对象	访谈目的
2	区级领导	了解上级部门对劳动技术学科构建区域教研共同体的目标要求，了解上级领导对教研员的目标要求，争取取得上级部门的支持和指导
3	校级领导	了解校级领导对学科教师的教研管理和对教师专业发展的目标定位，听取校级领导对区域教研共同体构建的需求和建议，争取得到校级行政部门的支持和配合
4	市、区专家	了解劳动技术学科专家对区域教研共同体构建的指导性意见，听取专家建议并进行区本化教研的落地实施

二、教师队伍建设与区域教研概况

区域教研共同体的构建，必须置于区域教育发展和教师队伍建设的大背景下。否则，容易陷入就事论事的误区。

（一）闵行区教师队伍建设的目标与举措

"十三五"闵行区教育改革与发展的总体部署是：以"让闵行每一个孩子健康快乐成长"为核心理念，坚持立德树人基本导向，深化教育领域综合改革，全力推进教育治理体系和治理能力现代化，努力办好人民满意的教育，实现由教育大区向教育强区转型。①

1. 师资队伍建设，注重梯度培养

在师资队伍建设上，闵行区注重提升教师队伍的专业化水平。不断完善"希望之星""闵教杯论坛之星""区级骨干教师后备人选""区级骨干教师""学科带头人"五个系列的教师评选、培养和激励制度，有效提升了教师队伍的教育境界和专业能力。为年轻教师、经验型教师和特色教

---

① 闵行区教育公共服务平台. 2014年闵行区教育事业统计［EB／OL］. http://www.
mhedu.sh.cn/gk/ggjg/jysytj/197291.htm.

师都提供了发展平台，同时，也为不同年龄结构的教师搭建了梯度式发展平台，并且为区域教研共同体的构建创设了有利的条件。

2. 通过教育信息化应用，引领教师专业发展

闵行区注重教育信息化的应用，深化"电子书包"项目实验，深入探索基于数字化学习环境教学方式的转变，65所试点学校开展基于信息化的课程建设和课堂教学实验。构建以学业质量标准为基点、以信息化平台为技术支撑的教育质量绿色评价系统，在全国产生了影响。

全区的信息化课堂和相关课程建设的开展，为广大教师的智慧教学和智慧课程建设，都提供了平台支持和资源支持，也涌现了一批信息化水平高、技术应用能力强的新型教师。全区坚持开展"智慧传递"活动，通过"发现、凝聚、共享、增值"的传递机制，把学校、教师创造的个性化智慧，汇聚、提炼、升华为推动教育发展的大智慧，形成集群效应和良好生态，由此构建教育内涵发展共同体。通过共同体概念的引入，可以在学校、区域、学科团队等区域内部或外部构建相关共同体，发挥教师团队和学科群体的团队作用，从而更好地实现教师专业发展。

3. 教师面临的挑战

闵行区教育面临的挑战中，师资队伍结构、质量及管理机制与事业发展存在差距。其一，由于义务教育规模大，新入职教师数量多，目前全区公办学校35周岁以下年轻教师已占48.37%，队伍年龄结构存在问题，同时教师学历层次比例也不尽合理。研究生学历教师占比不到10%，高一层次学历教师占比明显低于中心城区。其二，在市内外有影响的学科带头人和名师（校长）队伍在数量上还要进一步壮大。其三，现行的教师编制管理、职务评审、岗位设置等还存在一些政策局限，客观上也影响了教师队伍的稳定性和队伍活力。

"十三五"闵行区教育改革与发展的重点项目之一，就是创新师资队伍管理与专业发展机制。其中就有推进教师专业终身发展，构建区域教师职后教育课程体系，满足各阶段教师的发展需求，打造一批具有课程素养和教学境界的特色教师和学科名师。"十四五"开局，各学科就要落实和

推荐高中"新教材""新课标"的"双新"教学工作；初中和小学要研读2022年新发布的《义务教育劳动课程标准》（简称新课标），落实新课标理念，梳理并开发劳动课程。目前上下联动，希望广大教师在专业发展上能有更大的进步和突破，这也是闵行区全体教师所要面临的挑战。

4. 创新师资队伍管理与专业发展机制的措施

闵行区在创新师资队伍管理上，以师德、专业和管理为主要抓手，关注教师的师德素养和教育状态；树立教师专业终身发展意识，要随着时代发展而不断推进教师的教育教学工作；在教师队伍建设上，不断完善管理机制。

其一，全面提升教师师德素养。引领教师带头践行社会主义核心价值观，争做"四有教师"。强化学科育人，探索建设学科德育协同创新中心。以师德标兵评选、青年教师师德建设"成长E+1"实践项目作为加强区域师德师风建设的重要载体，引导全区教师树立积极的教育职业价值观，增强教师的职业认同感及职业幸福感，提升教师的教育境界。

其二，推进教师专业终身发展。以"教师专业成长电子档案"建设为载体，探索教师职业过程性评价，激发教师发展的内生动力；构建区域教师职后教育课程体系，满足各阶段教师的发展需求，保障教师专业终身发展。"十三五"至"十四五"期间，闵行区重点建设20个名师工作室、20个骨干教师培养基地、30个学科教研训基地，通过项目引领、合作研究，成事成人，打造一批具有课程素养和教学境界的特色教师和学科名师。

其三，完善师资队伍管理机制。建立区域教师人才储备体系、落实教师收入增长机制、畅通教师职称晋升通道、完善教师准入与退出机制。以人才高地建设为重点，建立分层分类教师培养机制及优质师资交流共享机制。[①]

---

① 闵行区教育公共服务平台. 闵行区教育改革与发展"十三五"规划（征求意见稿）[EB / OL]. http：//www.mhedu.sh.cn/gk/ggjg/jysytj/197291.htm.

（二）闵行区区域教研活动的背景情况

闵行区劳动技术学科区域教研工作的基本组织结构如图1-2-1所示。

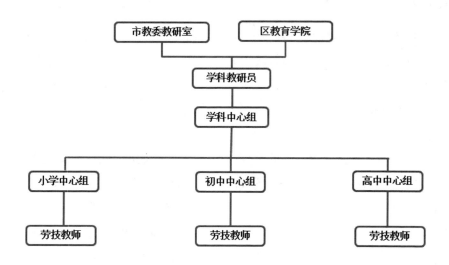

图1-2-1 区域教研现行基本组织结构

从图1-2-1中可知，教研员负责具体组织开展区域教研活动，全区劳技教师的基本组织结构也基本建立，但调研的全区115所学校，劳技教师的队伍涉及兼职教师的数量占59.13%（表1-2-2），而且每年兼职教师的轮换数量也偏多，劳技教师对个人的专业发展缺少思考。调查数据表明（表1-2-5），认为在劳技学科可以实现个人专业发展的仅占总数的25.22%；而认为发展空间不大、发展受限的教师比例高达71.30%，他们大多觉得基本保持现状即可；还有状态下滑的劳技教师占3.48%。所以，教师队伍发展水平不均衡是区域劳技教研活动面临的一项重要问题。

表1-2-5 劳技教师的专业发展状态现状

选项	小计/人	比例/%
还有很大发展空间，等待机遇到来	29	25.22
虽然发展空间还很大，但是精力有限	38	33.04

续表

选项	小计/人	比例/%
发展空间不大，但还想挑战自己	12	10.43
基本保持现状，略有发展	32	27.83
状态逐渐下滑，只要胜任学校工作即可	4	3.48
本题有效填写人次	115	

三、区域教研的主要特点

对于问卷与访谈的结果，笔者进行了整理，并做出了进一步的分析。总体来看，闵行区劳技学科区域教研的整体现状具有以下几个特点。

（一）区域教研活动基本正常

从学科工作的组织管理现状上看，区域教研活动（这里指区级劳动技术学科教研活动）主要由教研员负责组织策划每学期的学科性工作，能够基本保障教研活动常态化。每学期基本能保证教研活动次数，一般每个学段每学期开展4~6次教研活动，其中包括1~2次网络教研活动。

各学校为保证劳技教师基本能够参加区级教研活动，闵行区小学学段参加区级劳技学科教研活动的时间是单周周二下午，中学学段（初中和高中）是单周的周四下午，这是教研活动时间，原则上学校是不会安排教师上课，为教师参加区级教研活动提供时间上的保障和学科工作上的支持。同样，双周对应的教研活动时间原则上是学校教研组内部的教研活动时间。这样，学校在组织管理上、教师在参加教研活动上和教研员在组织学科教研活动上，都基本有章法可依，彼此都有工作上的默契。

那么，教师实际参加教研活动的情况如何呢？数据表明（图1-2-2），每次按时参加区级教研活动的教师比例占62.61%，偶尔参加区级教研的教师占12.17%，基本不参加区级教研活动的教师占10.43%。考虑到劳技教师群体中有超过半数的教师属于兼职性质，因此，60%以上的参与率尚属正常。

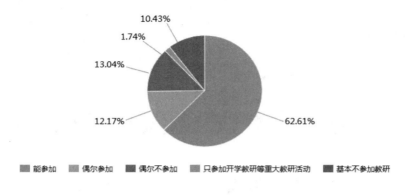

图1-2-2　区级教研活动的参与率

　　笔者认为，我们既要重视劳技教师的教研活动参与率，更要关注教师参与教研活动的动机与状态，这在很大程度上会影响教研活动的最终效果。表1-2-6表明，40.87%的教师认为教研活动"是工作的一部分，应该参加"，32.17%的教师认为教研活动"对自己有帮助，自愿参加"，这就意味着多数教师对于区级教研活动还是保持积极态度的。而"学校指定参加"和"没有其他教研，只能参加"分别占24.35%和2.61%，说明被动参与的教师还是少数。

表1-2-6　劳技教师参加区级学科教研活动情况

选项	小计/人	比例/%
学校指定参加	28	24.35
没有其他教研，只能参加	3	2.61
是工作的一部分，应该参加	47	40.87
对自己有帮助，自愿参加	37	32.17
本题有效填写人次	115	

　　既然多数教师能够参与区域教研活动，并且总体上态度倾向于积极，那么，区域教研活动对劳技教师的专业发展产生了怎样的影响呢？调研数据（图1-2-3）表明，49.6%的劳技教师认为区域教研活动对教师自身专业发展有一定作用；38.3%的劳技教师认为区域教研活动对教师专业发展

有很大的作用，说明有越来越多的教师开始将区域教研与教师自身专业发展联系起来。

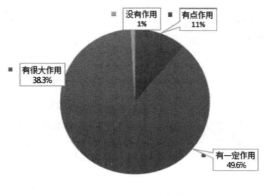

图1-2-3　区域教研活动对劳技教师专业发展的影响

（二）教研活动走向专题系列化

在区域教研共同体建设的初期，主要的目的是提升劳技学科教师群体的团队凝聚力，希望能通过共同体建设把劳技教师团结起来，有目的、有组织地开展区域教研活动。但是，这种组织主要是"自上而下"的教研模式，即由教研员牵头主抓，尽量兼顾到中小学全体劳技教师，工作条线基本明确，教师在参与区级教研活动中相对被动，缺乏主动性和自主性。这也是区域教研共同体建设要经历的初级阶段，首先是发挥好劳技学科教研员的作用，按照市教委教研室对劳技学科的工作要求和区教研中心的相关工作要求，做好每学期劳技学科教研活动的组织、策划、协调、实施等各项工作。

教研员在组织区域劳技学科教研活动的过程中，首先是保证区域教研活动的有序开展，分学段、明确每学期教研工作的任务和重点，进行整体学科教研活动的设计。从近四年的区域学科教研工作呈现的态势来看，闵行区的教研活动已经走向专题系列化，每学期教研活动的框架和重点项目较为明确，并在教师中逐渐形成学科教研的共识。例如，第一学期，劳技学科教研的重点工作是主题性课堂教学改进和学科教学工作展示与交流；第二学期教研工作的重点是市级、区级劳动技术学科竞赛的组织和落实，以及初、高中学业考试的相关工作。这些专题系列化的教研活动，使劳技教师了解学科教研的基本安排，便于教师安排自身的学科教学工作。表1-2-7梳理了闵行区劳技学科主题教研的具体情况。

表1-2-7　闵行区劳技学科主题教研

学期安排	教研主题	教研活动形式
第一学期	基于课程标准，关注技术方法教学	听课、评课、教学研讨、课堂教学改进、教学展示等
	依托教学研究，提升教师专业技术素养	讲座、论文交流、专题培训等
第二学期	挖掘教师技术特长，开展学科公益活动	送教启音学校系列活动①
	关注教学实践，分享技能技巧	市、区竞赛组织，学业考组织工作，观摩、专题交流活动等

从区域教研的总体情况看，基本能够围绕一个主题，开展系列教研活动。这种教研方式有助于教师聚焦在一个问题上，集中力量寻求突破，提高教师参与教研活动的积极性，为形成教研共同体奠定基础。但是，实际效应的发挥，往往取决于诸多细节的累计。比如，主题的产生，是教研员自上而下的布置还是教师自下而上的提出？主题明确后，是一股脑儿地全盘推进还是条分缕析地形成系列？后续的教研活动，是有人忙碌有人旁观的不合理景象还是各展所长的彼此协作？从教师访谈中不难发现，闵行区的教研活动走向了专题化、系列化，但仍有不少细节有待完善，访谈记录可以作为参考（表1-2-8）。

---

① 启音学校是一所专收聋哑学生的特殊学校，对劳动学科和技术实践类课程有更多需求，所以区域教研将劳技教师的技术专长梳理成特色课程供启音学校的学生选修。

表1-2-8　对于区域专题教研活动的认识和建议

时间：2016年3月15日—31日

地点：七宝实验中学

访谈对象：劳技学科中心组教师

访谈形式：微访谈

笔者：你对区域专题教研活动的一些看法和建议有哪些?

Z老师：专题教研比较适合，否则老师研讨时候会经常跑题，这样可以让老师的研讨比较聚焦。但是，有了主题还不够，如果没有具体分工落实，老师们只会停留在研讨阶段，研讨过后就没有下文了，所以建议主题研讨的后续实施还应该更具体一点。

H老师：主题研讨，是不是可以参考上级的研讨主题，也可以本区自定义研讨主题，这样可以根据学科的阶段性工作，进行有针对性的主题研讨。

D老师：专题研讨，有的主题制定好以后，有的老师擅长，有的老师不擅长；有的老师相关工作任务多，有的老师根本没有相关的工作任务，建议主题研讨活动，也要注重任务分工和必要的"带教"或"合作"，让老师们都动起来。

C老师：主题研讨虽说是可以展开系列活动，但也不能什么活动都归到主题系列里，还是要有计划，对一些临时性的研讨活动，也要给予必要的指导，或者进行筛选。

G老师：研讨要不断深入，不能搞完活动后，不总结反思，就一带而过。

（三）"线上线下"教研同步开展

O2O英文为Online to Offline，最早由美国人拉姆佩尔（Alex Rampell）于2010年8月提出，是电子商务发展到一定阶段的产物。它利用网络平台融合线上和线下，让消费者在线上完成商品或服务的挑选和下单，再到线下实体店进行消费体验。[①]

将"线上线下"引入教研，那么线上教研就是指利用网络、信息平台开展的教研活动，即在线教研；线下教研活动即现场教研。目前信息技术平台对学科教研的支持力度是很大的，特别是在传统的现场教研活动的基础上，增加了市级"上海教研在线"上的市级网络教研和区级"教师数字

---

① 柳东海. O2O模式转型下的企业财务战略应对［J］. 财务会计，2015（17）：16.

化专业发展平台"的区级网络教研，再加上学科QQ群和微信群建立的即时性网络互动教研，都极大地丰富了区域教研的模式，可以使劳技教师在不同平台、不同时空、不同区域开展学科教研。闵行区"线上线下"教研的同步开展，主要集中在课堂教学改进和教学研讨方面，具体形式如下。

首先，在劳技学科开设区级公开课的过程中，由教师申报区级公开课的时间和课题，申报成功后，由教研员和学科中心组教师或兄弟学校的个别教师一起参与磨课，前期对教师的区级公开课进行"微教研"，就是小型的、参与人数不多的小规模教研。"线下教研"体现在实地听课、评课和交流研讨；"线上教研"体现在通过QQ、微信等交互软件、邮箱等方式进行教学设计的研究与修改，进行同步交流互动。这样实现"线上线下"教研同步来做好开课前的前期准备工作。

其次，开展全区性的现场听课、评课研讨活动，即"线下教研"，就是日常学科教研的常态。线下教研，使教师现场听课、评课，面对面观摩、交流和互动，研讨可以做到即时性的互动和反馈。但有时因为时间紧张，有的教师来不及发言，或者是有的教师不善于现场发言交流，使交流的全员性和深入性还相对欠缺。所以在此基础上，闵行区利用"教师数字化专业发展平台"，可以在网上对公开课进行继续评课研讨，教师之间也可以互相回帖以逐步加强互动，这就又回到"线上教研"（图1-2-4）。基于此，对于一节区级公开课的研讨活动，"线上线下"教研同步开展，才基本上做到教研完整。

还有一种形式是市级"网络教研"活动，也能够基本上做到线上线下教研同步。其"线下教研"是组织全市各区的学科教研员进行现场听课、评课研讨；其"线上教研"是在"上海教研在线"平台上，由各区教研员组织本区学科教师进行观摩市级公开课，并在网上发言、回帖来进行评课研讨，而且是在全市范围内，研讨的空间更大，平台更广阔（图1-2-5）。

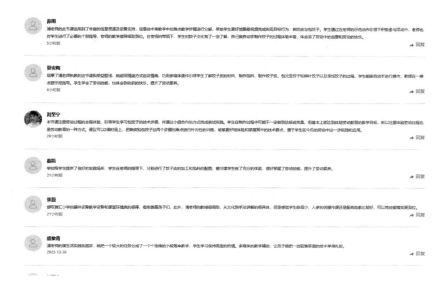

图1-2-4 闵行区云录播课堂教学评价系统——区级劳技学科教学研讨（截图）

（资料来源：http：//ypk.ct-edu.com.cn/ylb/player/vod？courseId=71e166f049844efc9d

20c6d1d3992b29#this）

图1-2-5 上海教研在线——市级学科教学研讨（截图）

（资料来源：https：//shanghai.3ren.cn/um/schoolCenter/

activity/7115485857020436497/topic/7115511111428186184/detail.do？segmentId=711

5511111428186184&segmentType=discussion）

在科技迅猛发展的今天，"线上教研"无疑具有许多优势，但也要看到其可能存在的不足，不能简单地用"线上教研"完全取代"线下教研"。不可否认，"线上教研"这一平台既带来了研讨的广泛性和便捷性，也给教师增加了一定的工作量，或是工作"负担"。因为针对不同的教师需求，有的教研活动任务也仅是为了完成任务而已，只在于发帖，至于发怎样的交流帖和怎样与同行教师互动，并不大关心，这也就失去了网络教研的意义；有的教师由于技术原因或态度原因，根本不参加网络教研；有的教师因为平时课时任务多或其他工作的影响，根本就没有时间浏览网上其他教师的留言或互动性回帖，这也没有实现教研活动的在线互动。从调查获得的数据看，目前乐于参与线上教研的教师比例达61.74%（图1-2-6），并正在逐渐增大，但线下教研也不可或缺，如何发挥线上线下教研的实效性，确实成为学科教研值得关注和研究的问题。

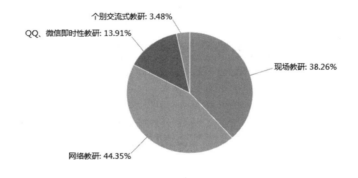

图1-2-6　教师对教研方式的选择

四、区域教研共同体的现实状态

通过研究分析，上海市闵行区劳技学科的区域教研组织管理具备区域教研共同体的雏形，但其现实状态还有很多不完善的地方，需要进一步改进。目前，从区域教研共同体的视角分析其实际形态，主要有三种问题。

（一）有共同愿景的雏形，但尚未成型并根植于内心

区域劳技学科教研活动及相关工作，都是面向全区各校劳技教师开展

的，全区劳技教师组成了劳技学科教师团队，即是劳技学科区域教研共同体的雏形。在这个教研共同体中，从教研员到劳技学科中心组，再到每一位劳技教师，不管是专职教师还是兼职教师，都希望区、校的劳技学科建设能有所发展，可以帮助和支持劳技教师更好地、更方便地完成教学任务，这也就是劳技学科区域教研共同体愿景的最本质的出发点。

在上海市闵行区劳技学科教研共同体建设中，教研员和中心组教师对其共同愿景做了基本表述：在区域劳技学科共同体的教研活动中，加强学习、合作、交流和分享，挖掘和利用多方资源，不断促进学科建设和团队发展，注重引领教师职业规划，实现教师个人专业发展。

由于这一表述仅出自教研员和中心组教师的思考，尚未在其他成员中广泛征求意见、充分讨论协商，因此，这只能被视为目前闵行区劳技学科区域教研共同体的共同愿景的雏形。不过，它还是能够引领共同体的发展方向，使共同体建设有了价值认同和使命感。从劳技教师参加区域教研活动的目的看，他们对于区域教研活动是寄予期望的，他们的期望与愿景的表述是高度一致的。表1-2-9数据中表明，80%以上的劳技教师希望通过区级教研活动获得指导和帮助，可以与同行交流，有学习和提高的机会，解决教学中的实际问题。

表1-2-9　劳技教师参加区级教研的目的

选项	小计/人	比例/%
可以获得更多的学科性工作信息	69	60
可以与同行进行交流，获得指导和帮助	93	80.87
可以有学习和提高的机会	83	72.17
可以观摩教学、帮助解决教学中的实际问题	84	73.04
可以获得学分	26	22.61
可以出来放松一下身心	5	4.35
其他	0	0
本题有效填写人次	115	

从数据上分析，60%的劳技教师希望在区级教研活动中获得学科工作信息，这基本上体现了区域学科教研的基本作用；有80.87%的教师认为区域教研活动可以与同行交流，获得指导和帮助，这是良好区域教研状态的一种体现，说明劳技教师是需要彼此沟通和互相学习的，而且广大劳技教师都需要区域教研活动的帮助和支持；有70%以上的劳技教师参加教研活动希望获得提高并能获取解决教学实际问题的方式方法，这也是劳技教师对区域教研活动的一种良好期盼。数据表明，劳技教师对区域教研活动是有美好愿望的，也有共同愿景的广义上的雏形。这一点在访谈中也得到了印证（表1-2-10）。

表1-2-10　对于区域教研共同体的认识

时间：2016年9月—12月
地点：文来初中、七宝中学、莘庄中学、航华二中、七宝实验中学、上虹中学、友爱中学
对象：劳技教师和兼职劳技教师
形式：非正式访谈
问题：你对区域教研共同体有怎样的认识？
J教师：表示需要这样的组织开展学科教研，是一个教研团队；就近几所学校可以联合开展教研活动。
C老师：教研共同体是为完成真实任务、问题，成员之间相互依赖、探究、交流和协作的。
L老师：强调共同信念和愿景，强调各个成员分享各自的见解与信息，鼓励各个成员探究以达到对学习内容的深层理解。
L老师：依托一定区域学校现有的资源或优势，解决本区域教师在教师发展过程中的问题而开展的研究。
Z老师：分区域展开教研活动，有针对性，有时效性。一个区做统一要求、统一布局，共同达到一个目标。
S老师：区域教研共同体就是在一起探讨教学中遇到的各种问题以及分享教学经验的一个团队，对每位教师的发展和日常教学都有很大帮助的一个大家庭。
G老师：大家可以畅所欲言，毫无保留地分享教学困惑与体验。区域内进行教研，形成局域联盟。

从问卷调查情况可见，有70%以上的教师对区级教研是持肯定态度的，在访谈中，也能看到多数劳技教师对区域教研共同体的建设是认同的，并且是有需求、有期待、有目标、有团队意识的，基本上都是正向导向的。

但有了共同愿景还远远不够，之所以还处于愿景的雏形阶段，是因为这只是广大劳技教师最朴素的对于劳技学科工作的想法和基本愿望，当遇到实际问题或在教学中还存在一定问题时，就会发现这最初的愿景尚未成型，也没有具体细化，所以无法根植于内心，特别缺乏支持愿景实现的规划或者发展框架，也缺少对劳技学科分步骤实施的各项教研重点工作的设计和思考。在调查数据中（表1-2-6），自主自愿参加区域教研共同体活动的教师比例仅占32.17%；图1-2-2表明，还有22.6%的劳技教师基本不能按时参加或不参加区域教研活动；表1-2-11的数据表明，真正认识到区域教研共同体的作用和价值的仅占37.39%，还有超过60%的劳技教师并没有真正地意识到区域教研共同体对个人专业发展的作用，说明劳技教师虽然了解了区域教研共同体的共同体愿景，但还是没有内化，缺少动力，没有自觉意识。

表1-2-11　共同体对推进学科教研或教师专业发展的作用

选项	小计/人	比例/%
有点作用	12	10.43
有一定作用	59	51.30
有很大作用	43	37.39
没有作用	1	0.87
本题有效填写人次	115	

有些教研工作只是为了完成各项工作任务，缺乏教研工作和教师专业发展的整体性融合，这就需要实实在在地将广大劳技教师，特别是部分优秀劳技教师和意图在劳技学科实现教师专业发展的青年教师成为教研共同体的核心主力，要分析他们的需求，梳理他们对学科教研的愿景，这样把区域学科教研与教师专业发展密切联系起来，形成根植于共同体成员内心

的学科发展愿景和个人发展愿景，才能推动区域教研共同体和教师个人双向更好地发展。

在区域教研共同体的构建中，基于核心成员的组织与管理，策划更为有效的区域教研活动，形成区域教研共同体的影响力，从而带动其他劳技教师，特别是兼职劳技教师，逐步融入区域教研共同体，并在共同体中找到属于自己的"位置"，有需求，有愿景，有参与，有合作，才能实现区域教研共同体建设的重要价值。

综上，之所以说目前上海市闵行区劳技学科教研共同体尚处在愿景的雏形阶段，主要是因为：一是共同愿景的共性尚且不足，形式、过程相对随意化，对共同体的理解简单化，缺乏深入的思考和研究，仅仅停留在口头上或初步的希望上；二是共同愿景在内容上尚不够完善，还没有体现劳动技术的学科性特征，也没有体现劳技教师的群体特点。

（二）开展了群体性的教研活动，但合作并不稳定与深入

上海市闵行区劳技学科区域教研共同体，在建设过程中，基于区域教研共同体的内涵，主要是在劳技学科教师群体中开展教研活动，这种教研活动主要是"自上而下"主导的教研形式，虽然是属于群体性教研活动，但教师之间的差异各不相同，教研需求也各有所异，再者主要是区劳技学科教研员整体负责，所以教师之间的合作缺乏积极性和主动性，教研合作整体还不够稳定和深入。

目前闵行区劳技学科的教研情况是：其一，"一对多"孤立的教研活动是群体教研活动的主要形式；其二，教研活动的目的主要是完成上级指派的任务；其三，教研活动中，教师之间相互协商互动尚不够深入。

"一对多"孤立的教研活动，主要是教研员主导，以会议、展示活动或研讨活动等形式，以教研员"一言堂"形式主导，按照上级指派的任务要求，指导教师分工、落实活动策划与具体实施，以完成学科任务为主要目的。教师之间的协商互动不够深入，主要体现在：近30%的教师认为可供交流分享的资源还很有限；还有76.52%的教师认为学科分享的资源还应更加丰富一些，对可交流分享的资源充满希望和期待（表1-2-12）。

表1-2-12　对区级学科教研活动可供分享资源的看法

选项	小计/人	比例/%
没什么合适的	5	4.35
更加丰富	88	76.52
很一般	20	17.39
减少了	2	1.74
本题有效填写人次	115	

　　问卷调查发现，77.39%的教师表示"愿意分享经验，并积极开展合作学习"；20.87%的教师表达了"可以跟着大家学"的意愿；只有1.74%的教师觉得"没什么值得分享的"，没有教师不愿意与他人分享经验（表1-2-13）。可见，在区域教研中教师是乐于开展群体性活动，并且在此过程中是彼此合作的。

表1-2-13　愿意和大家分享教育教学经验或积极开展合作学习的比率

选项	小计/人	比例/%
愿意	89	77.39
不愿意	0	0
没什么值得分享的	2	1.74
可以跟着大家学	24	20.87
本题有效填写人次	115	

　　尽管劳技教师在区域教研活动中有交流与合作的意向，但是交流的环境、深度、交流的状态还是停留在较浅层次，对学科上的专业交流尚缺乏深入的研究和实践。有的教师缺乏交流分享的自信；有的教师在交流中过于保守，只说优点，不说缺点；有的教师之间层次相近，分享的资源较少，更是缺少专家的专业引领；等等，这些因素都影响了群体合作教研的深入性和有效性，都是需要在区域教研共同体建设中逐步加以改良的地方。在访谈中（表1-2-14），教师也表达了类似的观点。

表1-2-14 教师在交流互动和经验分享上的优势或不足

时间：2017年3月23日—3月31日

对象：劳技教师和兼职劳技教师

形式：网络问卷

问题1：教师在交流互动和经验分享上会存在哪些优势或不足？（访谈第5题）

优势是可以畅所欲言，不足是没有太多时间考虑自己观点的可靠性，可实施性。不同学校在教学安排上肯定会有所差异，人员聚齐肯定会存在困难，教研活动的连续性势必降低。

缺点：对于工作中普遍存在的问题没有开展讨论。不够自信，有些摸着过河的感觉，经验不足。有些时候，教师在研讨中碍于面子，不说实话，缺乏实效性。

优势：接地气，是教师日常教学中遇到的问题，比较有共同语言。

不足：教师的层次差异不大，需要更高层次的专业引领。经验丰富的教师能带动年轻教师很好。年轻教师虽然干劲足，但没经验需要一帮一带教，才会提高得快。

优势：教师要求上进。

不足：积极性需调动。

理想的区域教研共同体应该是在教师群体中能调动大多数人的积极性和主动性，能积极参与和策划教研活动，能深入挖掘教师的专长和优势，有针对性地开展教研合作以满足教师的教研需求。教师之间的合作，也体现在教师勇于承担教研任务，积极开展学科研究，能为广大教师提供有效的教研平台。但是，目前上海市闵行区劳技学科教研共同体仍然存在一些不足，突出地表现在以下几个方面：

其一，区级公开课的申报存在一定问题，一是教师不愿意承担教研工作，认为没必要承受一定的压力；二是教师之间的合作不通达，教师在备课、磨课过程中，缺乏实质性交流，担心真正地交流会影响彼此之间的友好关系，都各自有所保留，无法实现真正的教研合作。那么，区域教研共同体如何发挥教师群体的合作意识和"真"合作，仍是区域教研共同体需要进一步研究和解决的问题。

其二，区域教研虽设置教研主题，但教师在教研中的交流和分享却不能集中围绕教研主题。在研讨中，对主题的思考还不够深入，存在泛泛而谈的现象；在教师的互帮互助上，存在敷衍和伪帮助，没能做到真诚和真正地互帮互助。所以，尽管有主题教研，教研形式上也基本走向专题系列化，但教师间的合作还不够稳定和深入。

其三，对于群体的合作教研来说，还要注重引进外部资源，使合作交流更为广泛和深入。目前，区域教研共同体本就是区域性为方便开展教研活动而组建起来的学科教师组织，原来的教研活动也主要以本区为主，主要以完成学科教研任务为目标。近两年来，在区域教研共同体的活动策划中，适当增加了外区资源的引进和合作交流，比如公开课教学观摩与探讨、学科展示性活动观摩与交流，还有技能培训类教研活动和学科专题讲座等的合作实施等，都为区域教研共同体的建设拓展了新的空间和视角。但是外部资源的引进相对随机性，而且活动的次数相对较少，使教研的合作交流还不够系统和深入，这方面还有待进一步改进。

（三）成员之间愿意相互支持，但缺失相应的技能

劳技学科区域教研共同体应该是全区劳技学科教师的主要教研阵地，广大劳技教师已经意识到学科教研对其自身专业发展的重要性，也意识到只有在区域劳技学科教研共同体中，才能找到在教育教学上共同的话题，在开展各项教研活动中，教师之间愿意互相交流，互相帮助，互相支持，遇到困难和问题可以了解其他教师是如何应对和解决的，也可以了解其他各校是怎样组织和管理劳技学科建设的。这是区域教研共同体建设的良好开端。但是，美好的意愿并不能够直接转化为现实，共同体成员必须具备相应的技能才能真正实现相互支持。

从实际情况看，尽管教师之间愿意交流合作，愿意相互支持，但还是缺失相应的技能，比如交流合作的能力、协调分工的能力、规范或较强的学科专业技能、策划活动组织实施的管理才能等。尤其是劳技教师往往来自不同的专业领域，各校的劳技学科配置情况也不一样，因此，相互支持的技能就显得尤为重要。但是，大部分劳技教师因为学科不太受重视而自我边缘化，在教育教学工作中习惯于"退后"，不善于展示和表现；又希望能被学校领导和其他教师看到劳技学科工作的亮点，从而"彰显"劳技学科教学和劳技学科教师都是学校教育教学工作中必不可少的组成部分，

希望不被他人"看不起"。在这种状况和环境中，劳技教师需要培养多元技能来呈现学科价值和教师的自身价值，这也是区域教研共同体的发展方向之一。

在区域共同体教研活动中，为便于教研员、教师之间更好地相互支持，相互配合，可以通过几名教师专业发展的个案来梳理一下劳技教师在共同体中应该具备的几项基本技能：倾听、表达、沟通。具体个案如下。

不善倾听的T老师

T老师是一位有着多年劳技学科教学经验的老教师，在平时的教学研讨中，他善于发言并积极发言，但他经常打断其他教师的发言，以发表自己的观点和看法。T老师是比较善谈，看到有的新任劳技教师的一些观点比较陈旧，他总是表现出有点不耐烦，有时候会影响其他教师的教研交流。

记得在一次关于《食品雕刻技法》的教研活动中，有一位教师刚提出U型刀在"戳"的技法教学上用力的方向、大小、均匀等技法对学生来说是有很大难度的，教材上也没有具体的技法指导，是不是可以再设计几个简单的雕刻案例让学生练习。当他刚说到我的做法是……就被T老师打断，他说，戳的技法就是要靠练习加以实践和体会的，与案例的难易程度没有关系，主要是对U形刀的一种使用——用多了，就学会了；用多了，自然就熟练了。经这样一位有经验的老教师一说，刚才发言的教师就没再继续说下去了。本来这位教师想分享一下教学实践上的一些创新的做法或案例，结果被T老师打断，影响了他发言的积极性。过后，我了解了一下，如果不被T老师打断，他有几种很好的做法值得与大家分享。后来，我让这位教师在劳技教师群里进行了分享，做了些弥补性工作。

倾听，就是认真、专注、与谈话者有所"呼应"地听。毕淑敏在《让我们倾听》中谈到几种我们常见的听话状态："如果谈话的人没有我们的学识高，我们就会虚与委蛇地听；如果谈话的人所谈内容冗长烦琐，我们就会不客气地打断叙述；如果谈话的人言不及义，我们会明显地露出厌倦的神色；如果谈话的人缺少真知灼见，我们就会讽刺挖苦，令他难堪……"①的确，我们在倾听他人谈话的时候，也会偶尔表现出这种不利于交流沟通，也不利于分享合作的倾听他人谈话的状态，所以在学科教研活动中，应尽量避免不正确的倾听方式，要让共同体成员学会倾听的技能，培养倾听的品质。

倾听技术在心理咨询中首要做到的就是"投入式的倾听"，即要注意倾听时的表情，传达出关注和尊重；还要注意倾听时的耐心，不要随意打断别人的谈话；倾听还要学会察言观色、认真专注，积极地对来访者传达的信息做出反应。②可见，倾听是建立良好人际关系的前提，注重的要素是细心听取、积极思考、主动参与、参与帮助等核心要素，倾听在心理咨询和教育教学中，是一种技术，即倾听技术。在区域教研共同体构建中，最重要的一项内容就是共同体内部良好的人际关系，这是能够开展合作分享的区域教研的前提条件，是教师主动参与、参与帮助的必备前提；也是共同体良好教研氛围和教研环境的必备前提。

在共同体的建设中，需要成员清晰而合理地表达自身的观点，更需要成员能够耐心地倾听他人。从T老师的案例中可以看到，有一些老师的倾听能力还是有待提高的。在共同体中，成员之间应当能够准确地理解他人的想法，尊重彼此的意见（哪怕是与己不同的意见），能够设身处地地考虑对方的立场。唯有如此，才能营造团队教研的良好气氛，让每个人的看法得到充分的表达，在安全的心理氛围中展开理性的研讨，给予共同体成员富有针对性的帮助。

与倾听相对应，表达能力也很重要。如果发言教师在表达上能聚焦问题，深入浅出，那么同样会引起成员的关注、倾听和思考。反之，表达不畅，那么成员之间的支持与合作将会"大打折扣"。下面再看一个关于"表达"技能不足的个案。

---

① 毕淑敏. 让我们倾听 [J]. 青年博览，2017（10）：20-218.

② 于光. 倾听技术在心理咨询中的应用 [J]. 科普童话，2017（6）：96.

不善表达的G老师

G老师是一位中心组老师，对劳技学科教学有热情，善于学科研究，但在教学和教研中的发言经常逻辑混乱，语速缓慢，环顾左右而言他，总说不到正题，以至于大家不知道他要表达什么观点，感觉浪费了交流时间。

记得在一次关于《导线与接线柱的连接》的公开课评课研讨中，教师们针对教学环节、学生容易出现的技术问题及教学重、难点的突破等问题进行交流研讨，G老师却在发言中，语速缓慢，总是若有所思，不时停顿，发言的内容还有导线的敷设、元器件安装等非本节课内容，其他教师听他发言很是着急，说得慢，又说些无关内容，大家都私下里议论起来，后来只能教研员把关，把话题接过来，再导入本次研讨主题。

在交流和沟通中，体现出教师的语言表达能力。"通常情况下，人们所理解的表达，就是一个人把自己的想法或感情传达给其他人，这是一个将内部世界中的精神意识外化的过程。"[1]在共同体教研中，教师发言就是要将个人的观点、思考和相关意见和建议等通过语言表达使其他成员能够了解、理解、学习或有所启发和收获，有的教师是因为胆小，缺乏自信，不敢发言；有的教师因为没有想好，没有充分思考就发言，表达缺乏一定的逻辑性；有的教师是因为语言表达能力欠佳，不能很好地将内心想法表达出来。所以，教师的语言表达能力还需要在交流实践中不断锻炼和提高。语言一般分为外部语言和内部语言，通过外在形式表达出来的语言叫外部语言；在心中想着但没有说出来的，叫内部语言，俗称"打腹稿"。[2]劳技教师在内部语言和外部语言上都要进行相应的训练和实践，

---

① 伍凌鋆. 对语言本质及言语表达过程的思考 [J]. 开封教育学院学报，2017（2）：56-57.

② 李金奇. 中学语文教师语言表达能力培养与训练的探究 [D]. 信阳：信阳师范学院，2014.

进一步提高表达能力，以便使共同体构建中的成员之间的交流和表达能克服障碍，让表达清晰、顺畅，容易被他人理解和支持。

在区域教研共同体中，有的教师积极热心，势必要承担相比其他成员更多的工作，这在活动策划、任务分工等教研工作中，还需要共同体成员具备良好的沟通技能。如果沟通方面有问题，难免会出现下面案例中的情况。

不善沟通的D老师

D老师是一位比较热心又热情的教师，平时愿意为大家做一些力所能及的事情。就是有时候对于教研活动的策划有点太过主观，经常说服其他教师采纳她的建议，使其他教师觉得她有一些私心或主观意图，感觉心里不是很舒服。

有一次，在策划一次学科展示活动中，大家在讨论哪所学校的劳技学科建设有特色，应该在全区进行展示和交流学习，有教师刚推荐了两所学校，D老师就予以了否定，并极力推荐了另一所学校；这之后，其他教师在推荐的时候，D老师都找出各种理由使之不便开展。于是其他老师就开始沉默了，或者是直接同意D老师推荐的学校，也有的老师认为是D老师和她推荐学校的劳技教师私人关系较好的原因等。显然，D老师的这种交流沟通方式会引起其他成员的不满，使活动的策划变成了她的"一言堂"，那么在后续的相关工作中，有的教师在活动的支持力度上明显减弱，也给D老师在工作上带来了一些不必要的困难。

良好的沟通是区域教研共同体构建的必备条件，是各成员协调配合、实现教研团队发展的基础性条件。沟通是指人与人之间、人与群体之间所从事的信息交换的行为活动，以求思想达成一致或情感达成通畅。在沟通中还存在沟通的质量和沟通的有效性这一问题，比如沟通的漏斗效应，如图1-2-7所示。[①]

---

①　张薇. 沟通的素养［M］. 北京：经济管理出版社. 2017：1-2.

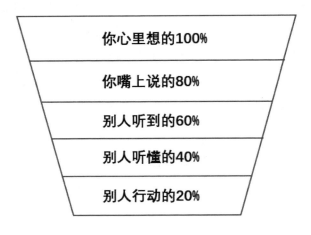

图1-2-7 沟通的漏斗效应

这样看来，沟通本身就是人与人之间的相互关联、相互理解和相互支持的原动力，沟通本身就是一种交互活动，从教师的语言表达，到他人的倾听和理解，再到他人的行动和支持，是以"漏斗"的形式在逐渐减弱的，这就需要区域教研共同体成员还应具备较好的沟通能力。在劳技教师群体中，大家的沟通还仅停留于"表面"，在教研活动中往往也没有做深入的交流和沟通。再者，由于劳技教师流动性较大，很多教师之间还没有建立一定的信任感，有时在沟通中也会产生误会或误解，影响了沟通的有效性。

卢德平在《社会沟通：观念与话语》一文中提道："在日常社会生活中呈现出来的人际沟通，不仅在话题的聚焦和离散，以及由此达成的共识上，而且在沟通过程的要素构成上，牵涉到沟通双方的主体意向、沟通的宏观和微观环境、沟通时的伴生情绪、沟通双方的个性评价、沟通的语言策略等多种非常复杂的因素，而不仅仅是沟通中的信息传递问题。"[1]

能够做到良好沟通，是共同体构建中各成员和谐关系建立的重要手

---

① 卢德平. 社会沟通: 观念与话语［J］. 中国农业大学学报（社会科学版），2017（4）：71-76.

段，沟通本身也是一项较为复杂的技能，劳技教师群体还没有对此予以足够的重视和关注，成员之间的沟通还相对随意，也没有关注到良好的沟通会给区域教研共同体构建带来和谐又高效的教研氛围。在教研中，还要关注到研讨问题设计的聚焦性、参与研讨成员的群体特性和成员个性以及教研环境等多种因素，帮助成员建立良好的沟通关系，帮助成员提升个人的沟通能力。

可见，倾听、表达和沟通，是目前区域教研共同体构建中成员应该具备的三种最基本的技能。通过对教师个案的观察分析和对劳技教师群体教研现状的观察了解，作为区域教研共同体的成员，广大劳技教师在教师的专业技能、教师间的合作技能和教师领导力方面的相关技能还存在一定差距，有待进一步提高。教师在共同体教研中，应该具备以上基本的一项或多项技能，才能为广大教师在教学实践、课程建设和专业发展上提供强有力的支持和帮助，才能彼此真正地提供相互间的支持。

另外，对于教研员来说，在相互支持上，还需进一步加强顶层设计和整体设计的能力，比如在区域教研共同体的整体教研活动设置中，还是以本区教研为主要框架体系，外部资源的介入尚在一个随机和偶尔需求的状态中，在共同体建设的规划和发展中，缺乏外部资源利用的整体设计，而且外部资源的交流互动也不是每学期都纳入规划，具有不确定性，这相对于区域教研活动而言，外部资源的介入尚显不足，还有待于区域教研共同体的进一步开发和利用。所以，教研员还需要培养和提升发掘外部资源、引进外部资源、整合外部资源的能力。

第三章　基于调查的深度反思

上一章对区域劳技学科教研和共同体构建进行了问卷和访谈，梳理了区域劳技学科教研共同体的基本情况，本章将对区域劳技学科教研共同体的构建状况做深度分析，以便找到区域教研共同体构建的核心问题和关键抓手。

一、区域教研共同体构建中的问题

结合区域教研的现状，上海市闵行区劳技学科区域教研共同体构建中的主要问题是：学科教研主要忙于具体的教研任务；区域教研主要以教研员为主导；部分劳技教师的群体性教研活动相对零散，没有形成体系；教师对区域教研的发展定位尚不够明确，缺乏主动挖掘区域教研促进自身发展的动力。

（一）忙于具体的教研事务，对愿景的构建欠重视

杜威（John Dewey）曾提出过"社群"这一概念，他认为社群由"群体生活"所构成，人们因共享一些事物生活于同一个社群。为了形成社群，人们必须有共同的目标、信仰、追求和知识，一种共同理解。[①]这其实表达了愿景及其对于共同体建设的价值。然而，在闵行区区域教研共同

---

① 普林. 约翰·杜威［M］. 吴建，张韵菲，译. 哈尔滨：黑龙江教育出版社，2016：136–140.

体的构建中，各方对于愿景构建的重视程度都不够到位。

对于劳技学科教研工作的开展，一方面是学校的重视程度不够；另一方面就是劳技教师认为只要能参与教研即可，没有明确目标。对于教研员而言，就是要完成市、区教育各部门的教研任务和事务性工作，对于劳技学科教研在各学科发展中所处地位和价值缺少思考，对区域教研共同体的构建也只是停留在表象上。

在区域教研共同体的构建中，教研员无疑具有举足轻重的作用。然而，在闵行区教研员看来，能完成眼前的教研任务就是区域教研共同体需要做的事情，而且学科的教研任务相对具体，教研员又要直接负责管理、组织与实施，占用了大量的工作时间，也使得对愿景的构建欠重视。在实际工作中，教研员把主要精力放在了具体事务的处理上，至于共同体的建设过程及未来发展方向、教师个人发展愿景等都缺乏思考，整体欠缺足够的重视。尽管提出了共同体的初步愿景，但没有做到让大家坐下来认真思考和研讨，更没有将愿景与后续的具体工作有效地联结起来，使之仅仅沦为空洞的口号，并未对教研活动和区域教研共同体建设产生实质性的影响。下面列举一下闵行区教研员一个学期的学科工作基本安排（表1-3-1）。

表1-3-1　闵行区中小学劳技学科教研活动安排表（2017学年第一学期）

教研主题： 基于学科标准，关注技术方法教学				
教研目标： 1.共同策划、创新组织区级教研活动； 2.规范教案撰写，优化课堂教学				
具体安排				
次数	简要内容	时间安排	主持人	参加对象
1	新学期劳技学科教研活动 （申莘小学）	第3周	刘至宁	全区小学劳技教师
2	新学期劳技学科教研活动 （梅陇中学）	第3周	刘至宁	全区中学劳技教师

续表

次数	简要内容	时间安排	主持人	参加对象
3	协和双语学校教学实践	第4周	刘至宁	
4	颛桥中学区级公开课研讨	第4周	刘至宁	中小学劳技教师
5	协和双语学校教学实践	第5周	刘至宁	
6	小学劳技教师教学设计及现场说课区赛组织工作（方案、教学设计、现场说课）	第5周	刘至宁	全区小学劳技教师
7	全国高中劳技教师优质课评选活动	第7周	刘至宁	参赛劳技教师
8	花园学校区级公开课研讨	第8周	刘至宁	小学劳技教师
—	期中考试	第9周		
9	市网络教研活动（中学）	第11周	刘至宁	中学劳技教师
10	小学劳技教师现场说课评选（计划）	第11周	刘至宁	小学劳技教师
11	闵行小学区级公开课研讨	第12周	刘至宁	小学劳技教师
12	市网络教研（小学）	第13周	刘至宁	小学劳技教师
13	七宝中学区级公开课研讨	第13周	刘至宁	中学劳技教师
14	全国陶艺作品展（待定）明星学校区级公开课研讨	第15周	刘至宁	中小学劳技教师
15	闵行区水仙花展评市级水仙花展评备赛	第17周	刘至宁	中小学劳技教师
16	上海市水仙花比赛	第19周	刘至宁	中小学劳技教师
17	学期总结工作	第20周	刘至宁	

　　由此可见，教研员每学期的学科基本工作已经排满，并超出了一定工作量，教研员在每一次教研活动的组织实施中，还要做一些与学校沟通、与教师交流研讨、网上常规通知发布、开课申请、评课研讨、证书奖状打印等常规工作，特别是要做好相关指导、服务、协调性工作；同时教研员还要完成市级教研和学院、教研中心部门等常规性工作。在这种情况下，教研员力图将学科教研工作整合到学科教研共同体的构建中来，所以即使是有对愿景的规划，但还是主要忙于眼前工作任务，以眼前工作任务为工

作主线，这样，对共同体愿景的设计与规划就缺乏长远性思考，也缺乏对相关理论的研究与支持，所以教研员还要加强理论学习，把愿景规划与定位纳入共同体构建中的工作来，引起全体劳技教师的重视，这方面的工作还有待深入思考和研究。

（二）教研员主导痕迹浓，教师的主体作用发挥不充分

王尚志指出，区域教研应该有四个关键要素：一是上级部门的整体规划和准确定位，二是学校与教师的发展需求，三是具有高度凝聚力的团队，四是开展丰富的、有实效的教研活动。[①]在教研活动中，教研员应当承担起责任，而教师也应当发挥其作用。

然而，目前劳技学科的教研活动和教研共同体构建主要是由劳技学科教研员负责，劳技教师也习惯了等待教研员布置任务，有教研任务就参加，没有教研任务最好。劳技教研员在工作中，需要把市、区教研工作任务整合协调起来，按计划有步骤实施。这虽然能保证学科重点性工作的顺利实施，但很明显，教研员对教研工作的主导痕迹很浓。比如，首先教研员主导教研活动，主要体现在每学期的学科教研规划主要依托市级学科教研和学院教研工作的目标要求，对于教研活动的设计和操作也是以教研员个人的规划为主。其次，教研员在组织落实区级公开课研讨的教研活动中，从对教师教学设计的指导、到现场磨课、再到教学资源的准备和争取学校支持都基本上由教研员来完成。虽然教研员每次也动员闵行区劳技学科中心组成员来积极参与磨课和教学设计的修改等指导性工作，但中心组成员因为坐班、课时任务多等原因不能外出参与，所以只能依靠教研员的个人力量。再者，劳技学科竞赛等相关活动也是教研员主导，从组委会人员安排、竞赛项目落实、竞赛组织方式等都基本上由教研员负责策划，据不完全统计，80%以上劳技教师都认为这样的区级教研活动本身就应该是教研员策划，他们参与就好，教师自动放弃了主动参与区级教研活动的策

---

① 金红梅，赫秀辉，李海丽. 区域教研与教师专业发展［M］. 北京: 中国青年出版社，2015: 6–7.

划和组织工作。

一方面只有教研员个人在主导，另一方面教师参与区级教研活动缺乏积极性和主动性，缺乏参与意识，使教师的主体作用得不到发挥。作为区域教研共同体成员的教师主要以参与执行为主，还没有参与到目标设定、策划和组织等工作环节，教师参与教研的主体作用还有待进一步挖掘。

（三）群体性活动碎片化，共同体创建的过程不完整

依据区域教研共同体构建实际情况，群体性活动碎片化主要体现在计划、实施、检查、总结等环节割裂，缺乏一体化的设计，尤其是对共同体建设情况缺乏评估与调节。

其一，计划与实施两个环节脱节明显。区域劳技学科教研是针对劳技教师的教研活动，是有组织的群体性活动，在每学期初都按照教研主题和学科的基本工作制订了教研计划，但因为学科教研任务的阶段性、临时性、特色性、项目性等多方面原因，往往使得区域劳技学科教研活动是一种碎片化的群体性活动，只是为了及时地完成学科任务，而忽视了学科教研是区域劳技学科教研共同体创建流程不可分割的部分，而且是主体部分，这使得共同体创建的过程显得不完整，一方面是没纳入整体的共同体创建规划里，另一方面存在即使为了完成学科教研任务，也将不同的教研任务和教研项目都及时而有效地进行梳理。在学科教研策划实施中，要有意识、有条理地纳入共同体的创建过程中来，使教研任务不是单独的学科活动，而是丰富学科教研共同体建设的组成部分。

其二，教研实施环节缺乏一体化设计。区级劳技学科教研活动，在组织形式上一般是分学段组织教研活动，即分小学、初中、高中三个学段分别开展教研，特别是公开课研讨或展示性教研活动；有时候也有中小学同时开展大型教研活动，有时候也有初中、高中联合开展教研活动。这样，在共同体创建过程中，经常根据具体活动而临时改变计划，或者临时做出调整，往往忽视了学科教研的一体化设计，教研整体性尚显不足，群体性活动呈现碎片化较为明显。所以，劳技学科教研在组织实施上还需要进一步有条理、有分类地纳入共同体创建的一体化设计和整体规划中来，并能

够有效实施。

其三，共同体在构建过程中缺乏评估与调节。作为教研共同体构建，与普通的常规学科教研的最大区别就在于共同体注重教研的后续性评估、反思与调节。但目前实际上，只要完成了学科工作，最多做一下工作小结或反思，对区域教研的整体评估缺乏评估标准、缺乏数据的系统梳理和深入挖掘，使共同体在构建过程中，针对群体性活动缺乏团队整体发展的调节与优化。

（四）区域教研与教师发展之间存在距离，教师动力不足

因为劳技学科教师兼职比例较高，很多老师认为自己在教学专业性上还不够，所以对区域教研的关注度不够，认为自身专业发展只能走"原"背景学科，而不能走劳技学科，所以放弃了在劳技学科上的专业发展。即使是相对专职的劳技教师也会是因为"小学科"而认为专业发展前景不乐观，对区级学科教研中倡导的教学理念和教研方向都缺乏思考，学科方面的理论学习也不足，所以在申报区级公开课研讨、参与区级教科研或学科论文案例征集评选等活动中，表现为不主动，缺乏动力。

再者，劳技学科教师年龄结构不均衡，41岁以上教师占比56.52%，其中因教学能力不足、身体健康状况欠佳、高级职称为最终目标等，后续对自身专业发展没有要求，也没有意识到区域教研与教师发展之间存在的必要联系，所以教研活动时间请假、不积极参加区域教研，能完成学校安排的本职工作就是完成职业生涯的最终目标，这也是教师参与区域教研动力不足的主要原因。

二、问题产生的原因剖析

上述呈现的区域教研共同体建设中的主要问题，其产生的原因是多方面的，在此逐一进行剖析。

（一）意识不到位

意识往往具有先导的作用，实际行动中的许多问题通常都能够找到其

思想意识的根源。

1. 教师对区域教研支持专业发展的意识不到位

劳技学科由于是被大多数人认为的"边缘学科"，所以各校对学科的重视程度不一样，教师对劳技学科在学科育人价值、学生综合素质培养和教师自身专业发展等方面的认识还很不到位。再者很多劳技教师是兼职教师，也没有劳技学科背景的教学理念，使得教师认为劳技学科只是为了满足教师工作量的一种附属品，对区域劳技学科教研的参与热情和积极性都远远不够，更是对区域教研支持教师专业发展缺乏相应的意识。

从调研问卷看（见第二章表1-2-5），仅有25.22%的劳技教师认为自身还是有很大发展空间，也希望能等待机遇的到来；有33.04%的劳技教师认为虽然发展空间还很大，但是精力有限，可见在劳技学科教学、教研等方面显得力不从心。还有近半数的劳技教师对自身教师专业发展的状态和前景都不是很乐观，对区域教研对专业发展的支持力度也是意识不到位，甚至还没有想过劳技学科的区域教研共同体的创建与自身专业发展有着怎样的联系，教师应该如何思考并支持区域教研共同体的构建与创新。所以，转变劳技教师的思维方式和意识观念，是区域教研共同体创建的前提条件。

2. 教研员尚未对区域教研共同体形成全面认识

作为劳技学科的教研员，虽然整体组织管理区域的劳技学科教研工作，但对劳技教师群体的复杂性也经常感到无奈和束手无策。在区域教研共同体的创建上，教研员也是仅仅停留在表面的认识上，认为只要把学科团队基本带动起来，完成相关学科教研任务就可以了。

其实，教研员目前对区域教研共同体尚未形成全面的认识，对区域教研共同体的研究还不够深入，对针对区域劳技学科的复杂性来建设与之相对应的教研共同体缺乏研究和思考，这使得劳技学科教研员的领导力还很欠缺。所以，教研员要进一步加强自身的学习研究，对劳技学科的区域教研共同体的构建要进一步思考、研究和实践，以便能真正引领劳技学科区域教研共同体的创建和发展。

3. 区教育学院对劳技教师提供支持与保障的意识不到位

区教育学院对各学科的教研管理规定了一定的教研目标要求和管理方法，也提供了一定的信息技术平台和相关的技术支持，如果能保质保量地完成学院的目标要求，那么学科教研就会相对比较规范了。但是，劳技学科具有其特殊性，劳技学科教师的兼职性和流动性相对较大，因此，不能完全套用针对其他学科的普适性要求。

由于劳技教师人数相对较少，劳技学科的重要性相对不高，因此，区教育学院并没有为劳技教师单独制定有针对性的管理办法。这就使得劳技教师感到区教育学院对劳技教师的组织管理所提供的支持和保障不到位，他们的一些合理的要求没有得到及时的回应和积极的行动，也没能做到区、校的协调，畅达管理。

4. 教师所在学校对劳技教师的管理不够重视

劳技教师在学校以兼职为多，以劳技学科教学为主的专、兼职教师仅占40%左右，如果再按照中小学各学段分配一下，那每个学段以劳技学科教学为主的劳技教师比例仅占10% ~ 15%，这相对其他学科的教师群体显得势单力薄。

目前各校教师参加学科教研活动的自主性相对不够，一般都是由学校教导处下发教研活动通知，才能去参加区域学科教研；区域教研时间学校安排教师工作任务的比例占43.48%，无法派遣教师参加，因而劳技教师不参加区域教研的概率偏高，参加教研也是以主学科为主，这就明显看出学校对劳技教师参与学科教研的管理是不重视的，在管理上也是不到位的。（表1-3-2）

表1-3-2　教师不能按时参加区级教研活动的原因（可多选）

选项	小计/人	比例/%
学校安排轮流参加	24	20.87
与其他学科区级教研冲突	47	40.87
学校在教研活动时间安排上课或工作	50	43.48
路程太远不方便参加	40	34.78

选项	小计/人	比例/%
太忙没时间参加	35	30.43
已参加其他学科教研	36	31.3
学校没有通知到位	15	13.04
其他（请说明）	13	11.3
本题有效填写人次	115	

由于学校对劳动学科教研活动不够重视，又因为劳技学科兼职教师的人数较多，所以参加区域劳技学科教研的人员经常无法分配，学校没有通知到位的占13.04%，即使能保障每校一名教师参加区域教研，也经常面临每次参加教研的教师都是不同的，轮流参加教研的劳技教师的比例占20.87%，这使得学校、劳技教师在参加区域劳技学科教研上缺乏连续性和连贯性，这对劳技学科的整体脉络工作的把握有很大影响。

区域劳技学科教研共同体的构建，基于较为稳定的学科教师团队的建设更为得当。所以在区域教研共同体的创建上，争取以稳定的教师团队为核心，其次要有团结和管理变动较大的兼职性、流动性的劳技教师融入共同体的方式方法，特别是争取得到学校领导的支持，才是凸显了适合劳技学科的区域教研共同体的构建方法。

（二）能力有欠缺

在建设区域劳技学科教研共同体的过程中，作为共同体的成员主要是劳技教师和教研员，虽然闵行区的劳技学科教研是以区域教研共同体的形式来开展活动的，但成员和成员之间还是按照以往的形式参与教研，并且各成员在共同体构建中，还表现出一定的能力欠缺，主要表现在以下方面。

1. 教师参与教研共同体建设的能力不足

劳技教师都是来自不同的学科专业背景，劳技教师的专业技能提升一般都是在教学实践中自我学习或向他人学习中得来，还有就是和学生在教学相长中不断提高和积累教学经验的。但因为劳技教师所教授的年级不同，接触到的教学内容不同，那么他们的专业技能和技术优势也体现在不同的技术项目上，往往教师关注的只是自己所教授的课程内容和相关技术技能，对学科内其他项目的技术技能的学习就缺少一定的关注。在这种情况下，劳技教师的学科交流互动的有效性就受到一定影响，教师缺乏合作学习和共享经验的机会。基于劳技教师的现状和特点，教师所欠缺和需要逐步改善和提高的个人能力，主要有以下几点。

其一，个人合理定位的能力。劳技教师在教育教学和学校的岗位分工上或多或少地存在一些问题，但劳技教师的教学岗位是培养学生技术素养和动手实践能力的重要岗位，广大劳技教师在教师专业发展上还应注重个人的合理定位。劳技教师对教师个人的发展目标，缺乏思考和定位。根据本文中（第二章表1-2-5）数据，劳技教师群体中认为发展空间不大的教师比例高达71.3%，他们大多觉得基本保持现状即可。如果70%的劳技教师都"不思进取"，那么劳技教师团队将是一个"臃肿""拖沓"的队伍，很难发展。

为此，必须调动广大劳技教师的积极性，帮助劳技教师进行合理定位。首先是帮助教师明确个人发展目标，激发教师的工作源动力；其次是引导教师积极主动参与学科教研，明确个人的工作职责，发挥自身优势。教师的职责就是教书育人，对本职教学岗位负责，对学生负责；再者，教师更要看到自身的优势和不足，发挥优势，积极学习，弥补不足，在教育教学工作中让自己不断进步。

其二，教研伙伴间良性互动的能力。劳技教师因为专业、技能、教学能力等原因，在一定程度上，使其在劳技学科教研上受限，使得劳技教师整体自信心不足，这在交流研讨上直接影响了与他人的相融程度，大部分教师不愿意发言，不知道自己的观点和技能是否专业，所以"不敢"发言，怕"说错"。在这种普遍性心理的影响下，劳技学科教研尚未形成良性的互动关系，广大教师缺乏相互间信任的能力。

其三，积极参与的行为能力。区域教研共同体在构建过程中，需要广大教师承担一定的工作任务并履行相关工作职责。目前，还有相当一部分教师不敢、不愿、不能承担相关工作任务，究其原因是教师习惯了做旁观者，不知道如何参与，有的是缺乏个人智慧，有的是缺乏深入思考或方式方法，总之，表现为缺乏积极参与的行为能力。

共同体的构建，就是要在广大劳技教师的个人定位、互动能力、积极参与的行为能力等方面，打开这些"缺口"，要想提升教师的专业技术技能，就要引领教师打开视野，看到劳技教师应该看到的职业格局，要意识到做好一名劳技教师，无论从学科教学理念上，还是专业技能技巧上，都需要进一步加强教师间的团结合作，培养教师的合作学习和共享经验的个人能力。

2. 教研员引领教研共同体构建的能力不足

在区域教研共同体中，教研员是共同体构建的引领者、组织者、指导者和服务者。对于劳技学科而言，因为学科内容的丰富性和专业技能的多样性，使得教研员更多地关注到学科教学的应用与实践，在教研活动中经常以完成具体的教研任务为行动目标，教研员在引领教研共同体构建上还是存在相对能力不足，主要包括：

第一，价值引领的能力欠缺。对于劳技教师群体的复杂性而言，构建区域教研共同体是有研究价值和实践意义的，教研员在理论研究和价值引领上还需要深入学习、实践和研究，在提升教研员自身能力的同时，提升对教研共同体构建价值引领的能力。

第二，激励教师的能力不足。激励教师是教研员应该具备的能力，激励教师成长与进步，才能带领教研共同体进步与发展。目前，教研员在教研共同体构建中，主要是引导教师自主参与、积极动员教师参与，在激励教师方面还缺乏整体思考和实际行动。魏会廷在教师学习共同体构建的激励机制中，提到了八种激励：目标激励、奖励激励、支持激励、关怀激励、榜样激励、集体荣誉激励、数据激励、领导行为激励。[①]所以，教研员要进一步研究适用于教研共同体构建的激励方式，提高激励教师的工作能力，从而推动教研共同体的建设与发展。

---

① 魏会廷. 教师学习共同体——促进教师专业发展的新途径［M］. 武汉：武汉大学出版社，2014：141-143.

第三，评估反思的能力不够。在教研共同体构建中，教研员经常是忙于工作任务，对教研共同体构建的过程缺乏反思和评估，主要是因为教研员在教研共同体构建中也是尝试性实践，主要在于推动教研共同体构建，还缺乏反思和评估的方式方法，在整体构建中，也缺乏评估反思的设计和阶段性评估的规划，这是目前教研员尚且不足的一项重要能力，需进一步学习、规划和提高。

另外，教研员对劳技教师这一相对复杂多样的教师群体关注度不够，即使关注到，也经常面临无奈的尴尬局面，这也体现了教研员在组织管理能力上还有所欠缺。主要是因为教研员也是来自教师群体，其思维方式和教师相近，更多关注的是具体的工作任务，所以容易被繁杂的具体事务所牵制。在教研共同体的构建中，教研员更应该注重学习和思考，学会梳理工作脉络，引领教研共同体建设与发展，不断自我提升，从而逐步弥补教研员在组织管理上的能力欠缺。

3. 教师所在学校的保障能力欠缺

劳动技术学科在中小学课程设置里，属于基础必修学科，但目前学校的校本课程落实虽然基本符合上海市的课程标准，但对于劳技学科的课时安排、教师配备及教学资源、专用教室等现状，还是参差不齐。目前，劳技教师所在学校的保障能力欠缺，主要表现在以下几个方面：

其一，人员保障方面的能力欠缺。劳技教师的配备一般是以兼职教师为主，即使有专职劳技教师，很多也都承担了兼职性的教学工作，所以，学校对劳技教师的管理与培养是应对眼前，缺乏长远的思考。

其二，时间保障方面的能力欠缺。劳技教师12节课为满工作量，12节以上为超工作量，从表1-3-3的数据上看，每周课时12节以上的教师占73.92%；课时在4～8节的教师虽然占比26.09%，但据了解多为兼职教师，其他工作量依然很大。

表1-3-3 劳技教师每周课时数

选项	小计/人	比例/%
4～8节	30	26.09

选项	小计/人	比例/%
8~12节	26	22.61
12~18节	51	44.35
18节以上	8	6.96
本题有效填写人次	115	

再看表1-3-4中的数据，在参加区教研活动中，最大的困难因素有69.57%的教师认为是时间因素，在时间上得不到保障，这是群体现状。所以，在时间保障上还需要进一步改善和争取校方的支持配合。

表1-3-4　教研活动在条件保障上存在的最大困难因素

选项	小计/人	比例/%
时间因素	80	69.57%
场所因素	11	9.57%
经费因素	7	6.09%
精力因素	17	14.78%
本题有效填写人次	115	

其三，组织保障方面的能力欠缺。区域教研共同体建设过程中，首先要保证劳技教师能够按时参加共同体的教研活动，但从表1-3-5的调研情况来看，区级学科教研还需要学校或教育学院行政力量的支持，如果没有行政力量的支持，区级学科教研的开展存在一点困难的劳技教师的比例占64.35%，困难很大的占17.39%，可见，80%以上的劳技教师认为区级教研一定要有行政力量的支持和保障，所以参加区级教研活动是存在一定困难的，这就使得教研共同体建设也失去了组织保障。

表1-3-5　没有行政支持开展区级学科教研活动的困难度

选项	小计/人	比例/%
没有困难	10	8.7
可能有点困难	74	64.35
不会有太大困难	11	9.57

续表

选项	小计/人	比例/%
困难太大	20	17.39
本题有效填写人次	115	

　　既然区级劳技学科教研活动需要行政力量作为支持和保障，那就需要首先引起学校对劳技学科的重视，包括学校课程的整体规划如何保证劳技学科课时的落实和劳技教师的配置，特别是在劳技教师的管理与培养上，要有长远的思考和培养方向，使学校对劳技教师具备领导力，不仅关注劳技学科发展，还关注劳技教师的专业发展，这样才能使区、校联动，做好区域教研共同体的组织保障工作。

（三）机制不配套

　　造成区域教研共同体构建不理想的原因，不仅有意识与能力方面的因素，还有机制上的根源。

　1. 区域教研管理与教师专业发展的对接不顺畅

　　教师专业发展是教师在工作中不断学习提高的一种职业要求，包括教师在教学理念、知识与技能、专业精神、教学实践经验、教学研究等方面的自我提升。目前，教师专业发展与区域教研之间的关系是：教师在区域教研中可以学习、交流，并在认真参加、完成每学期区域教研任务后，可以获得学分，作为教师专业发展的组成部分。但在区域教研管理上，主要通过教师参与教研活动的考勤及教师为学科所作的"贡献"来作为记录和评估，教师也只是简单地认为具体参加区域教研活动的次数就是教师专业发展的表现。这使得教师专业发展与区域教研管理的对接不顺畅。

　　教师专业发展是区域学科教研的根本目的，而区域教研共同体建设是帮助教师实现专业发展的手段。劳技教师是一个相对复杂的教师群体，应该在教研共同体构建过程中建立适合劳技教师专业发展的区域教研管理机制，不仅仅是参与区域教研活动的次数的认定，还要看劳技教师在教研共同体中真正获得了什么，有怎样的进步，是否针对教师需求，使教师在教学理念、知识与技能、专业精神、教学实践经验、教学研究等某一个方面或某几个方面实现了提升，包括教师在共同体教研中展现出来了良好的学习、沟通、合作、创新等能力及教师的个性魅力或亮点，都可以作为促进教师专业发展的综合评价。目前，教研共同体在构建中，还没有为教师专业发展的认定提供相对应的教研评估机制，尚为对区域教研管理提供相对应的数据统计和评估支持。

所以，针对劳技教师群体，其教师专业发展的评价也应该是多元的、综合的，应该对劳技教师的专业发展和区域教研共同体的构建进行梳理，找到"对接口"，使劳技教师专业发展与区域教研管理机制相配套，教研共同体的构建与完善可以进一步完善区域教研管理机制，并真正做到促进教师专业发展。

2. 管理机制与监督机制存在疏漏

区域教研在管理机制和监督机制上存在疏漏，在管理机制上没有明确规定教师必须参加教研活动，特别是兼职教师也要参加任教学科教研活动。在监督机制上也没有严密的检查制度，教师参加教研活动，校方和教研员只能大致把握，更多地在于教师自觉；对没有按时参加教研活动的教师没有有效的惩罚措施，没有严格管理，自然无法对接惩罚措施。目前的几种典型问题：

一是学校替代兼职劳技教师选择教研科目。目前区域教研以人性化管理为主，教师按照基本的单双周学科教研安排，查看教育学院网上的教研活动通知，一种是教师自觉参加区域教研活动，学校教导处备案；另一种是学校教导处通知其参加区域教研活动，才能外出参加，如果学校有其他安排，教师就无法参加区域教研。

在管理机制上，教师对学科教研的选择性也不够，特别是劳技教师都有自身的专业背景，或者是兼职教师，那么教师如何参加区域教研活动，是参加背景学科的区域教研，还是参加劳技学科的区域教研，教师较为随意，学校缺乏管理，学院也缺少对参与区域教研的教研对象在组织管理上的确认，对于参加各学科教研的人员管理与分配没有纳入管理机制，这也使得无法建立相对应的监督机制。

二是兼职教师主动放弃劳技教研。劳技教师中有60%为兼职教师（见第二章表1-2-2），因为教师外出参加教研活动的时间，在学校的课时安排中是非常固定的时间，如果外出参加兼任学科的教研，需要学校临时做出课时调整，这样兼职教师参加兼任学科教研活动就存在一定困难，这是造成兼职教师主动放弃参加劳技教研活动的根本原因。

三是部分专职劳技教师对参加教研活动不积极，存在隐性流失现象。部分专职劳技教师，因为常年从事劳技学科教学，学校对劳技学科不重视，所以对参加劳技教研活动并不积极，不愿意参加区级教研；甚至有极个别教师以参加区级教研活动为名外出，实则去办理私事，使区域教研"架空"。

以上典型问题体现了学院和学校都没有适当的监督机制管理教师规范参加区域教研活动，应配套建立区域教研活动的管理机制和监督机制，在规范管理的基础上实现教师的教研自觉。

3. 分层化的管理机制没有建立

在各学校教师参加区域学科教研的组织管理上，学校没有关注劳技教师的学科多样性，即背景学科、劳技学科和研究型拓展型学科等相关学科的区域教研，教师也没有可选择性，要么2～3个学科的区域教研都可以参加，要么根据实际情况随意参加，要么都不参加；学院对区域教研的教师管理也只是依据实际来参加教研的教师为主，有的教师背景学科教研参加两次，劳技学科教研又参加两次，最后在教师专业发展的学分统计中，往往哪门学科的区域教研都拿不到学分，这也不利于教师的专业发展。

目前，管理机制尚不完善，激励机制也无法配套。激励机制在区域教研中的作用是激发教师参与教研活动的积极性，目前的激励机制主要体现在教师通过参加区域教研，每学期参加4次，即每学年参加8次教研活动，即可以获得1学分，这是激励机制中最直观的体现。对于学分的计算，举个例子，有少部分劳技教师因为是学科组核心成员，他们承担的学科工作相对更多，每学年参与区域教研的次数远远超过8次，一般为12～16次，那么在激励机制中是不是可以对这一部分教师的学分认定放宽到1.5或2学分呢？（表1-3-6）。所以，区域教研活动，要针对劳技教师的群体特点，应该将管理机制与激励机制进一步衔接，既规范管理，又可以体现人性化管理，让教师有选择、有目标、有积极性，并自觉参与区域教研活动。

表1-3-6　现行机制与分层机制下教师教研学分比较

劳技教师群体（分层）	共同体教研次数（每学年）	现行机制下学分（当前标准）	分层机制下学分（预想状态）	激励程度
专/兼职教师	8次	1分	1分	正常
核心成员	8~16次	1分	1.5分~2分	激励
兼职教师	4~8次	0	0.5分	鼓励

鉴于此，在区域教研共同体构建中，对劳技学科核心成员（中心组成员和特色教师等）、专职劳技教师、兼职劳技教师应区别对待，这就需要建立分层化的管理机制，目前对分层化管理机制还没有建立，并且尚未进行考量。

第四章 基于反思的改进策略

上海市闵行区劳技学科区域教研仅在区域教研共同体的概念下进行框定，具体的教研形式和实际教研效果尚不明显，所以通过深入研究、调查、反思后，笔者提出以下一些建议，希望有助于区域教研共同体的改进。

一、理念先行，强化意识

劳技学科区域教研共同体，很多劳技教师认为这区域教研活动的另外一种说法，还没有意识到共同体建设对于劳技学科建设和劳技教师专业发展所起到的作用和意义。所以在区域教研共同体改进策略中，首先是转变理念，强化意识，具体的改进策略如下。

（一）教育学院要强化责任意识，认清构建共同体的意义

教育学院的责任意识，首先体现在学院对区域教研共同体构建的重视程度。目前，教育学院在劳技学科师资管理上还是重视不够，仅设置了专职劳技教师的岗位，但是没有落到实处，所以出现大量兼职教师轮流兼任劳技学科教学的岗位。

如前所述，闵行区全区劳技专职教师的比例仅占40%，这使得劳技学科教学和实践都相对不够深入，而且学科建设的连续性也相对薄弱。在访谈中，教育学院领导表示："各校劳技教师的配置不均衡，基层学校在提高教学质量上也更多地注重主学科，往往忽视了学校劳技学科的发展。"

有的学校领导也说："学校主学科教师的流动性相对大，而且有怀孕、哺乳期、病假等客观原因，学校只能多配置主学科教师，他们工作量不满的问题，就通过劳技、拓展等课程加以补足。"

可见，学院和学校对劳技学科的建设与发展的重视程度有欠缺。如果学院在各校劳技教师的师资配置上提高重视程度，能够落实专职劳技教师岗位的配置，同时，得到基层学校的配合落实，那么劳技学科师资将为区域教研共同体的构建打下坚实的基础。

教育学院作为教研机构，在组织落实各学科的教研工作中，应该进一步明确各学科教师群体的特点，再根据区域教研共同体的理论依据，认清构建区域教研共同体的意义，强化责任意识，进一步明确哪些学科可以先行组建，在构建过程中逐渐积累经验，鼓励更多的学科（可以分学段）进行区域教研共同体的构建。

劳技学科教师群体相对复杂、人员较为不固定，更需要组建区域教研共同体，以共同体的团队凝聚力带动学科发展，促进劳技教师专业发展。学院应该给予劳技教师群体以足够的重视和支持，转变原本自上而下的单线教研理念，以发挥不同专业特点和专业优势的教师主体作用为突破口，带动共同体高端发展，薄弱跟进。特别是学院在各校的校长、教导主任的工作会议上，要对区域教研共同体的构建进行宣传和动员，领导各校对参与共同体教研的教师给予关注和支持，保证教师在时间、工作分配、资源利用等方面的参与度，为区域教研共同体的构建强化学院和各校的责任意识。

（二）教研员要培育主动意识，厘定自身在共同体建设中的角色

教研员是从事教学科研的专职人员，他们"对上级负责，为政府提供决策服务；他们为中小学校提供服务、教学管理、监督、指导等，如怎样开展教学、科研和校本活动；他们对上一级教研室负责、反馈课题情况，

传达上级情况给下面中小学校等"①。这是教研员的基本工作职责。

在区域教研共同体构建中，教研员和教师之间已不是单纯的自上而下的工作模式，而是共同协作、齐头并进的工作模式。教研员要培育主动意识，厘定自身在区域教研共同体建设中的角色，发挥出教研员应有的专业、指导、管理与服务等能力。特别是在策划教研共同体活动的时候，教研员既要做到目标引领，又要凝聚教师群体力量，还要做好区、校等协调沟通工作，这是教研员在教研共同体建设中的工作角色，不能回避，只能主动、智慧地去工作；不仅要有主动工作的意识和态度，更要有全面部署工作的能力。

教研员主动意识的培育，还在于教研员自身对工作的热情和对职业的认同感、归属感和幸福感。教研员在做每一项学科工作时，都要与教研共同体的构建理念相对应，这样，在学科工作中，就增加了教研共同体建设的意识；在教研共同体建设中，又融入了学科发展和教师专业发展的意识和思考，将教研员工作协调统一起来，自然在工作中就会不断增添主动意识和工作自觉性、积极性和主动性。

教研员作为区域学科教研的组织者和管理者，要注重理论学习和专业技能的提高，在学科管理上要有大局观，努力做到"上下"协调，对区域教研的顶层设计和教师专业发展要有目标导向和系统思考，在学科资源利用、共享和整合上，要有全新的视角，还要以教研共同体和教师专业发展为总目标，对共同愿景的实现做好教研平台的设计与支持，与广大教师密切合作，友好互动，得到教师的信任和支持，努力提高教研员的学科管理能力。

（三）教师要突出自觉意识，明确共同体对个人发展的价值

劳技教师在区域教研共同体的群体中，不再是原来只等待布置工作任务，被动去完成工作任务，而是成为教研共同体的主体，是区域学科教研

---

① 魏会廷. 教师学习共同体——促进教师专业发展的新途径［M］. 武汉：武汉大学出版社，2014：39.

的"主人翁"。所以，教师要进一步明确区域教研共同体对教师个人专业发展的价值，要引导和培养教师参与教研的自觉意识。首先是教师要自愿、自觉参加教研共同体活动，在进入教研共同体后，要对自身的未来发展制定长、短期目标或阶段性目标，了解教研共同体的发展愿景，让自己的发展目标或个人发展愿景与教研共同体发展愿景保持一致。

另一方面，要想突出教师参与教研共同体的自觉意识，就要激发教师的个性化需求，激活教师教研动力，挖掘教师的职业发展前景，帮助教师找出自身优势以发展，克服不足补短板，让劳技教师看到自身的职业规划与未来专业发展。增强劳技教师在职业规划上的自信，所以在教研共同体中可以根据不同教师的职业规划需求，如新任教师的教学适应性需求、教师职称晋升的自我提升需求、教师为解决教学中问题的突破性需求等，都可以在教研共同体中进行分类策划教研，使区域教研既可以整体推进，也可以分层突破；既有目标引领，又有有效合作；既完成学科工作任务，又可以实现教师专业发展。

二、培训跟进，提升能力

在解决了思想意识问题之后，还需要及时跟进培训，以提升劳技教室各方面的能力，为区域教研共同体的构建夯实基础。

（一）教育学院要提供专业培训平台，提高其学科领导力

目前，教研员的培训交流平台已走向规范化，闵行区教研员的培训主要有三种：一是与全区各校校长、书记一起培训领导能力和管理能力等；二是学院内部为教研员和各部门成员提供的专项培训平台；三是教研员外出参与的联合区级、市级及全国级的培训交流活动。这三种培训平台是教育学院为教研员成长与发展提供的工作交流平台，也是提高教研员学科领导力的主要培训平台。

这三种现行的教研员培训平台，如果从构建区域教研共同体的角度考量，对教研员的专业培养和职业提升各有利弊。第一种与校长、书记一起

开展的领导力培训，其优势在于可以引导教研员进一步厘清自身角色定位，既有"登高望远"的目标定位，也有切合实际的管理定位；其不足之处在于，此培训更关注于校长在师资配备、资源利用、课程设置与开发等方面的行政领导力，而不是学科领导力。第二种学院为广大教研员提供的培训平台，其优势在于可以开阔教研员视野，在其他学科教研中找寻与劳技学科教研有关的借鉴点或是跨学科教研整合，容易发现新的教研生长点；其不足之处是培训的综合性较强，关注教研员个人能力培养，但对劳技学科的专业特点、师资情况、技术特色、资源开发等方面的针对性不够，针对劳技学科的教研管理和学科发展的支持力度还较弱。第三种教研员外出的市级、全国级的培训交流活动，其优势在于培训的学科针对性较强，而且与全市乃至全国各地的劳技教师、劳技教研员交流互动，扬长避短，收获甚大，比较适合教研员专业成长；不足之处是，这样的培训次数太少，不能满足教研员专业成长的需求。

笔者认为，在区域教研共同体建设方面，教研员急需提升其学科领导力。为此，可以借鉴《英国教研组长的专业标准》。该标准将教研组长的学科领导力定义为：在特定环境和任务下通过展示专业知识、技能和品质，达到预想结果的能力。该标准从学科的发展、学科的任务、学科的管理和资源的利用四个关键领域，将教研组长的学科领导力分为："学科的策略指导和发展、教学、领导和管理教师、有效分配教师和资源。"[①]教研员的工作，相当于一个区域内学科管理的大教研组长，所以，在培训和提升教研员的领导力中，可以从以上四个方面着手，为教研员成长提供更多的学习、培训的机会和平台。

就现实情况而言，在教研员组织学科教师构建区域教研共同体的学习与管理中，教育学院尚未提供针对性较强的培训平台。目前，全市各区部分学科在积极组建教研共同体、学科共同体、教师专业发展共同体或学习型教师团队等，这为有关区域教研共同体的培训跟进提供了可能。为了进

---

① 蒋海棠，夏慧贤. 英国中小学教研组长的专业标准［J］. 全球教育展望，2005（1）：76–77.

一步拓展教研员的工作视野，提升教研员的学习能力、组织能力、管理能力等教研员专业能力，也为教研员不断积累经验、创新工作，教育学院已关注到有关教研共同体建设的工作上来，尝试将正在组建或已经组建的教研共同体的不同学科进行联合整合，虽然各学科的教师群体情况不同，但在构建区域教研共同体中，有很多经验值得分享，互为借鉴。教育学院可以为相关教研员提供培训平台，邀请专家指导，观摩外区或外省市的相关共同体构建的交流活动或参与其相关培训，为提升教研员领导力提供有针对性的培训平台。

（二）教研员要搭建培训平台，提高教师参与共同体建设的能力

在区域教研共同体构建中，教研员在完成学科教研工作任务的同时，应该更加积极主动地为劳技教师搭建培训平台，弥补劳技教师在校本研修中的教研不足，提高教师参与区域教研共同体建设的能力，让劳技教师在共同体教研中有全新的感受和全新的体验。

1. 线上教师培训平台，即网络互动教研与培训

培训方式主要有两种，一种是在信息技术平台上完成的教研或培训，如"上海教研在线"和"闵行区教师专业发展数字化平台"，教研员可以在平台上发布学习内容、学习任务和学习资源等，然后组织教师上网学习，再反馈教师的学习体会，就可以完成相关的理论培训或专业技术培训。

在教师学习互动中，线上教师培训还提供了闵行区劳技教师QQ群和微信群进行及时性交流互动，大家对有疑问的地方，可以和教研员或相关教师进行及时的互动交流，及时解决学习中的困难，比较受教师的欢迎，但这种培训一般是有针对性的培训，是单次性的培训，组织起来比较灵活机动，一般不纳入学分系统。但如果在教研共同体的构建中，可以把这些零散的、碎片化的教研活动以主题教研的形式串联起来，作为教师培训的重要部分，并允许纳入区级教师学分的考量，这样线上培训将对区域教研带来更为有效的成果。

对于教研共同体构建，线上培训应该发挥其方便、灵活、互动及时的

特点。目前的区级学科教研活动基本上两周一次现场教研，那么没有现场教研的时间就可以安排线上教研或线上培训。线上培训的策略，就是让教研共同体成员有时间、有保障、方便灵活地在线上进行交流互动。教研员要及时搜集教师在教学中的问题和需求，策划培训主题，而且培训也不是教研员"一言堂"，而是广大教研共同体成员群策群力，以分享教学经验的方式进行全员互动式培训，这样来源于教学一线的教学、技术实践的经验就可以被教师学习和借鉴，在提问、交流、分享、集思广益中完成培训任务，更具实效性。同时，教研员要将教研共同体每次在线上培训的内容、发言记录和主要成果，做好及时的培训资料整理；还要动员共同体成员能按时签到、积极发言，对参与线上教研或培训的成员做好教研管理，及时评价成员的参与情况，并积极争取学院对教师在学分上的支持，每学年根据线上培训达8次以上，为每位成员记录1学分。这样使劳技教师更有共同体的成员意识，更有参与共同体教研的积极性，并在共同体中有所收获。

2. 线下教师培训平台，即现场培训，分为集中培训和阶段培训

集中培训，是按照学院的要求，各学科可以申报暑期教师培训课程，在课程被学院审核通过后，可以组织教师报名参加集中培训，按时完成培训任务的教师可以获得学分。

阶段培训，是按照学院要求，分阶段申报一定次数的培训课程，主要适用于劳技学科的专业技术技能类的实践体验类培训，因为这类技术培训需要专业教室、专业工具及配套材料等学科教学资源和工具类资源的支撑，而且培训的时间相对较长，所以分阶段逐步进行，这类的教师培训也要根据培训课程的制定情况进行申报，如果申报培训课程合格，教师也可以获得学分；如果申报课程不符合学分认定课程培训要求，就只能纳入学科教研活动系列，在每学期期末按照教研活动的次数统计纳入教研活动学分。

线下培训，无论是集中培训还是阶段性培训，关键要调动成员的积极性和主动性，动员教师做教研共同体培训活动的参与者、组织者和策划

者。既然是教研共同体成员，就要围绕愿景设计策划符合教师需求的培训活动，各成员也要自主进行任务分工，主动去开发培训资源，设计培训课程框架，积极与教研员配合。

教研员在为教师搭建培训平台的时候，首先应该充分利用以上平台开发培训课程，使教研共同体内部的培训课程与学科培训课程进行充分整合，帮助教师获得学分。同时，教研员向学院积极申报教研共同体建设的相关教研学分，进一步明确教研共同体构建是教师专业发展的重要组成部分。另外，在教研共同体构建中，培训平台和培训资源的利用，也可以超出这些框架的"束缚"，根据实际需要开展有针对性的、符合教师急需的、灵活机动的培训平台，摒除学科教研的功利心，促进教研共同体建设的丰富和不断完善。

（三）教育学院要加强校长培训，提高学校对共同体建设的支持力度

教育学院每学期都开展全区中小学校长、书记的相关干部培训，应该在培训中强化区域教研共同体建设的相关内容，并将教研共同体建设与学校教师专业发展、校本研修、校本课程建设以及学校学业质量提升等相关工作紧密结合起来，这样才能引起学校校长的重视，更好地提高学校对区域教研共同体建设的支持力度。

在区域教研共同体建设方面加强校长培训，意味着一方面要强化理论学习和当下各学科教研共同体的构建情况；另一方面要引领校长的支持和配合，引起全区对区域教研共同体建设的广泛关注，营造教研共同体构建和生存发展的区域环境。只有得到学校校长的大力支持，才可以更好地整合校本教研资源，同时也能够提供作为教研共同体成员的学科教师的人力保障，为教研共同体建设创设更加稳固的发展环境。

三、完善机制，形成长效

在区域教研管理中，建立健全并逐步优化和完善各项管理机制，是最为重要的环节，区域教研的管理涉及教育学院和学校在教师管理机制上

协调运作，再由教研员以较强的行动力加以实施，形成较为长效的运作机制。

（一）调整组织架构，明确工作职责

在建设区域教研共同体的过程中，首先要调整区域教研共同体的组织架构，并且明确相关部门和共同体成员的职责，再整理出区域教研共同体较为核心的管理制度，让区域教研得以在教研共同体的教研环境中逐步开展。

1. 区域教研共同体的组织架构调整

如第二章图1-2-5所示，目前的区域教研组织结构基本属于科层制结构，它便于上级的管理，不利于充分发挥教师的主动性。对于劳技教师这一较为特殊的群体而言，这种组织架构的不足更加突出。为了克服科层制组织的固有缺陷，适应区域教研共同体的构建，笔者认为可改科层制为矩阵制（图1-4-1）。

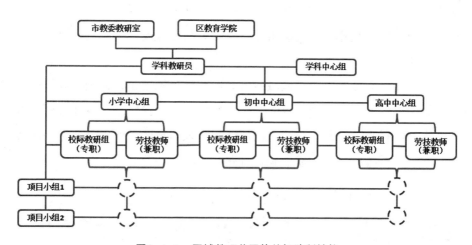

图1-4-1　区域教研共同体的矩阵制结构

如图1-4-1所示，这样的结构，首先按照学段，将专职劳技教师和兼职劳技教师有所区分，这样在承担学科教研任务中，可以承担不同量的教研任务，使专职劳技教师在教研共同体内找到教研组的归属感，克服了每

所学校只有1～2名劳技教师、校内教研薄弱的问题；同时，也为兼职教师群体开辟了适合兼职教师开展流动性、灵活性教研的兼职教师教研组织，方便兼职教师与专职教师密切合作，协同完成教研工作任务。

在矩阵制的区域教研共同体组织结构中，增设了学科项目小组，根据教研任务的不同类别、针对不同劳技教师群体或兼职工作相近的教师群体等，可以跨学段组建若干项目小组，有针对性地融合不同专业特长的劳技教师，开展有针对性的项目教研，让教师根据需求，在教研共同体中找到同类别的劳技教师联合起来，创新工作，团结协作，彰显教师专长和学科特色，对教师专业发展起到积极的带动作用。

2.区域教研共同体各部门及成员的主要工作职责

区域教研共同体下设的部门主要有学科中心组、各学段中心组（小学、初中、高中）和校际教研组以及项目小组。学科中心组由各学段中心组的2～3名核心成员构成，各学段中心组由各学段有经验、有技术专长、愿意热情为广大教师服务的5名优秀学科教师组成；校际教研组则是由各学段的专职劳技教师组成；项目小组则是根据项目需要，各学段中的劳技教师有引领性地组建或是自愿组建，教师人数和规模都是根据项目需求来进行组建和调整。

教研员的职责在于引领区域教研共同体的目标定位，梳理共同体的共同愿景，有目的、有计划地组织学科教研，为教师提供适合专业发展的教学资源和学科平台。基于教研共同体建设，教研员的专业素养要进一步提升，在履职过程中主要的职责和提升路径如表1-4-1所示。

表1-4-1 教研员在区域教研共同体中的职责

职责	具体要求
1.学会主动学习和研究，夯实专业功底	教研员被称为一个学科团队的"掌门人"或领航人，所以教研员要学会主动地去学习与研究，学会自我"充电"，不断地学习教学理论、注重学科研究和课题研究，学会梳理和总结教学实践经验，开拓视野，用于创新，在工作中勇于实践，在学科专业和组织管理能力上都要努力去学习、思考与实践，不断提升自身教学理论水平，夯实专业功底，不断提升教研员工作的职业自觉、职业能力和职业幸福感

续表

职责	具体要求
2. 将教研共同体建设融入学科日常教研	在对区域教研共同体的学习和研究中，共同体有它的概念界定和理论基础，但并不是脱离学科的日常教研工作。教研员要有这个工作意识，那就是要在日常的教研中，将教研共同体理论架构在日常教研中，不仅指导教研，而且使日常教研更有方向，更为聚焦，更有方法和途径，使理论和实践紧密结合，并不是教研共同体建设要单独开辟出许多教研工作来支撑教研共同体构建。只要二者结合紧密，会形成互为支撑、互为促进的有利局面
3. 让教师专业发展与区域教研共同体建设密切统一	区域教研共同体的建设是教师群体的学科教研工作建设，既然关系到教师群体的教研，那就离不开教师专业发展，在教研共同体建设中，教师专业发展是教研共同体建设的主流方向，所以教研员要使教师专业发展与区域教研共同体建设密切联系起来，让劳技教师明确，教师个人专业发展的愿景与区域教研共同体的发展愿景是协调统一的，教师专业发展的路径与共同体的发展路径也是相辅相成的。教研员在教研共同体构建中，要有意识地将二者密切统一起来，努力做到二者共赢
4. 引领教师群体学会信任合作并形成团队精神	劳技教师群体，来自不同学科背景，专业能力和实践经验基本上都不均衡，所以在教研共同体建设中，教研员要引领劳技教师群体学会信任合作，有经验的、能力强的教师要为教研共同体作出一定的贡献，在学科教学上尚处于弱势的劳技教师要向有经验的教师多学习，大家都是教研共同体成员，互相信任合作，友好相处，使学科教研更加实在，更加有效。劳技教师在教研共同体中，多交流，多合作分享，有问题或有困难可以找到帮手，有经验可以交流分享，逐渐形成学科团队精神，使教研共同体成为教师群体参与学科教研的家园，让劳技教师明白有这样一支队伍可以信赖和依靠，从而更好地推进学科教研

作为教研共同体成员的各校教师，要明确教研共同体的愿景，使教师个人专业发展的愿景与其保持一致，学会合作和分享，学会信任伙伴合作，在共同体中学习、研究、实践和发展。在区域教研活动中，教研共同体成员的职责如表1-4-2所示。

表1-4-2 区域教研共同体成员的职责

职责	具体要求
1. 教师在教研中要重视自身的教研主体地位	教师在区域教研中，不是被动地等待教研员安排或布置教研任务，而是要作为教研主体参与教研，要根据教师个人的专业发展所需或学科建议等，积极在教研共同体中申请教研活动的策划、组织与落实任务，并积极参与具体教研工作的实施
2. 教师要克服工作与教研的矛盾性，积极参加共同体教研	劳技教师作为共同体成员，要积极、主动、按时参加共同体教研活动，认真完成相关教研任务，保持教师的责任心和进取心，努力克服工作与教研的矛盾性，合理安排工作时间，提前制订工作计划，努力将工作与区域教研活动协调分配好
3. 教师在教研共同体中要学会信任合作，努力走向共同发展愿景	尽管劳技教师在学科教学中各有专长，也各有不足，但教师群体在共同体教研中，可以放开状态，正视自己的优势和不足，学会信任合作与经验分享，学会在互动交流中实现专业成长，逐步实现个人的专业发展愿景，并实现教研共同体的共同发展愿景
4. 教师在教研共同体中要学会自我激励和团队激励	区域教研共同体是一个区域的学科教研团队，是一个充满正能量的教研团队，在共同体中，教师可以直面问题，尽力去解决现实问题，或者是优化、转变教育教学中遇到的问题，克服困难，首先要学会自我激励，要给予自身足够的信心和鼓励，学会不怕承担责任，不怕"压担子"，学会以积极的状态去应对困难。再者，共同体的团队激励是也共同体每一位成员的职责，大家都是共同体的成员，是共同体的战友，所以互相帮助，互相激励也是成员的职责，从而形成良好的共同体教研氛围，形成一个有着团队激励的和谐区域教研共同体

（二）区级层面主导，建立核心管理机制

区域教研共同体的构建需要各个层面的联动，在区级层面要发挥其主导作用，建立区域教研共同体的核心管理机制。笔者认为，所谓核心管理机制是针对共同体构建和劳技学科教研管理而言的，较为重要的，并且需要立刻建立起来的主要管理机制。目前，对于上海市闵行区劳技学科的区域教研共同体的建设而言，急需完善以下几种管理机制。

1. 基于共同愿景的目标机制

区域教研共同体的共同愿景，是实现教师自身的专业发展，并带动学科团队共同发展。共同体的主体是教师，教师的共同愿景是一个整体方向，但每个教师为实现共同愿景的分类目标、阶段目标、目标达成的要求和标准、目标设计的连续性等方面都各有不同。

这里的分类目标，是指教师在专业发展上，是想实现自己的教育理想，还是形成自己的教学风格，还是成为一名有着专业特长的特色教师，又或是成为经验丰富、专业研究能力较强的专家型教师等，每位教师都有各自的不同目标和愿景。例如，阶段目标，有的新教师，他在一个学期的时间里需要适应劳技学科教学、需要学习和领会学科理念；有的有经验的教师，需要开展教学研究，需要在实践中去尝试和研究；还有的教师需要进一步丰富专业技术的学习与实践等，这使得不同特点和不同需求的教师在某个阶段目标上也有着明显的不同。再者，即使教师的目标相同，但个人对目标达成的要求和理解也不尽相同，有的教师能基本达标即可，有的教师要精益求精；对于目标设计的连续也各有所需，比如有的劳技教师只教授六、七年级的劳技课程，他对八年级的劳技学科教学从未涉足，那至于八年级的学科教学是否需要学习，是否需要参与技术实践，也是因人而异。所以教研共同体中目标机制的建立是需要认真讨论并共同参与设计的，尽最大努力让教师实现自身理想中的专业发展目标。

构建共同愿景，意图发挥教师在教研共同体中的主体作用。共同愿景是全体共同体成员在区域教研中实现个人和团队专业发展的美好愿望，首先可以以分片或分小组的形式，让教师在轻松的教研氛围中，充分发表个人的希望、目标和愿景。再经各小组集中反馈教师的愿景并进行集中讨论，考虑大多数成员的愿景，并结合区域教研可以实施和操作的教研平台进行策划和考量，形成初步的共同愿景。最后，与教师进行协调沟通，在区域教研共同体的初步共同愿景中，得到教师的认同后，确立教研共同体的共同愿景和教师的个人愿景，并使教师个人愿景与教研共同体的共同愿景得以协调统一，同步发展。

基于共同愿景的目标机制建立，首先要排摸教师对自身专业发展的需求。根据教师需求对愿景一致或阶段目标相近的教师进行分类，再进行不同类别教师的目标设计。对于中小学劳技教师的区域教研共同体的建设，还是以小学、初中、高中三个学段进行统一分类，在各自学段根据排摸情况，每个学期分别分为1~2个主体目标项目小组，也就是在发展目标和个人需求的基础上，每个学段分为1~2主体项目教研小组，他们的阶段性目标一致，在此基础上，教师自主设计目标和策划教研活动的实施方案，并结合学科教研活动，积极开展区域教研活动。

其次，目标机制的建立，要依靠教师自主制定目标来逐步实现教师发展愿景。将教师的愿景进行梳理，就可以拟定区域教研共同体的共同发展愿景，这样愿景是自下而上进行制定的，不再是以行政命令来强制性地制定共同愿景，使教师可以充分感受到区域教研共同体在学科教研上更为贴近教师，更有教研生命力和活力。

最后，目标机制的建立，主要是体现教师参与区域教研的主体性、主动性和自觉性，让教师自己设计专业发展目标。有的教师也许对自身专业发展还没有明确清晰的发展目标，也不知道个人发展的愿景在哪里，但他可以了解教研共同体成员的发展目标，以及不同的项目小组为实现目标而设计开展的教研活动，从而帮助教师进行目标的选择，帮助教师找到专业发展方向或突破口，使教师可以更好地融入共同体。这样既可以激活教师的动力和内驱力，又可以使得区域教研共同体的教研作用得以发挥。

2. 基于动力支持的保障机制

区域教研共同体的建立，特别是对于劳技教师，在学校基于劳动技术学科的学科教研往往是虚晃的，很少有真正的学科对话和专业研讨。所以只有在区域教研共同体中，劳技教师才有真正的专业话题和教学实践可以进行研讨。但是，在研究中发现，有的劳技教师在学校的教学工作可谓是"单枪匹马"，开展学科工作总是存在这样或那样的困难或问题，所以，区域教研共同体就需要提供相对可靠的保障机制，提供动力支持的教研载体，为教研共同体搭建平台，构建教研环境。

对于劳技学科的区域教研共同体建设的保障机制，主要是时间、场地和工具材料等方面的技术支持与经费支持。共同体的教研时间一般是按照学院统一安排的统一的各学科的教研时间，基本可以得到保障，关键是在保障机制里要体现学校给予教师在时间上的支持力度，尽可能在共同体教研时间里不要给相关教师安排其他的工作任务。场地是根据活动的策划与组织，根据需求落实的场地，这也需要得到劳技教师和相关学校的支持和配合。这些基本的保障措施，实则是为共同体教研提供一种动力支持，否则，劳技教师一想到要开展相关工作，就总是有各种困难，没有良好的教研环境，将使得劳技教师对共同体教研失去信心，会削弱教师的教研积极性。

劳技学科的区域教研共同体教研，最大的特点是需要实践操作方面的技术支持和相关配套材料的供给，如初中劳技教师的木工培训，需要专用教室场地，需要机床和加工用木料，同时还要聘请经验丰富的教师或技术专家做讲座或提供技术指导等，这就需要学校或教育学院提供一定经费支持，使共同体教研在实践操作这部分得以顺利进行。再如，水仙花雕刻造型的技术培训，也需要专用教室、专用工具，邀请专家讲座，购买水仙球供教师现场学习技术实践，这些都属于基本的共同体教研活动，都需要有一个良好的教研环境和相关保障机制支持，只有做好了基本的技术条件和教研环境的基础性保障，才是真正为共同体教研提供了一套合理的动力支持系统。

3. 基于信任、合作、发展的团队协同机制

劳技教师的特点是在课堂教学、专业技术、教学风格、学科研究等方面都不够均衡，所以区域劳技教研共同体的教研愿景就是要促进劳技教师能找到适合自身发展的路径，实现自我发展，特别是在情况较为复杂的教师群体里，能够找到合适的教研方式，实现劳技学科上的教研自觉，并在教研自觉中实现自为。所以共同体教研的整体氛围的营造是教师专业发展的生态性教研环境，教师在各自学校很少能找到劳技学科的教研伙伴，在区域教研共同体中，教师之间都是教研伙伴，有共同的学科话语体系，所以要珍惜这样的一个学科团队。那么教师之间就要学会信任与合作，学会

互相学习与互为指导，学会交流与分享，使教研共同体成为教师自觉参与学科教研的主要阵地，也乐于并积极主动地参与教研。

同时，协同机制的建立，使得教师对区域教研共同体的认识也会进一步提升，明确区域教研共同体的发展与教师专业发展是分不开的，区域共同体是教师参与学科教研的学科教师团队。在良好的教研氛围中，会使教师越来越有团队精神和团队意识，汇聚个人能量，展现集体智慧，让每一位教师在较为通达的共同体教研中，汲取教研养分，在教研自觉中且学、且研、且成长。教研共同体以共同愿景和个人发展的愿景与目标作为整体目标导向，是一个学科推进的源动力，又有相关保障机制做基石，教师在其中各有收获，各有成长，这也是教师群体对教研共同体逐渐保持认同，培养团队精神，最后走向协同发展的主流方向。在广大劳技教师中，还需要加强学科团队协同机制的渗透与影响，积极发挥教师之间的信任与合作，包括教研员与教师之间的信任与融入，服务与引领，都是学科团队协同发展的必备条件。

4. 基于教研自觉的教师激励机制

区域教研共同体的建设，主要目的是希望教师能自觉、主动、有意识、有想法地参与学科教研，但在帮助教师实现教研自觉和专业发展的同时，离不开教师激励机制的建立，这也是一种目标导向，是一种使教研共同体形成良性运作的有效手段。目前较为适用于区域教研共同体的激励机制主要有目标激励、团队激励、榜样激励和成果激励。

目标激励可以帮助教师思考自身的职业发展愿景，并在教研共同体的共同愿景下分步骤实现专业发展目标，使劳技教师在适合个人发展的目标引领下，获得更好的专业成长与发展。

团队激励，就是学科团队在学科工作推进和不断的成长与进步中，给劳技教师带来的信心、希望和鼓舞，使劳技教师保持职业认同感，并在团队发展中获得自身的专业发展。

榜样激励，就是学科优秀教师或有经验、有特色、有专长的教师在教研共同体中起到的榜样示范作用，特别是有的劳技教师在学校的工作情况、被学校的认同情况以及在学科教学和兼职工作上都有很多相近的地方，有了榜样教师的示范，工作范围相近的教师可以向榜样教师学习、取经，找到自身发展方向，找到专业发展的路径，还可以有针对性地交流互动，使伙伴学习和经验分享更有针对性和有效性。

成果激励，其实就是教师在共同体教研中的收获和进步的成果，一方面是有形的成果，如获得一些资质、教学、竞赛、技术等方面的获奖，论文、课题获奖或发表、获得学分等；另一方面是无形的成果，即为收获，教师在教学、专业技术、专业研究等领域的成长与进步，也许没有直观的衡量，但教师通过共同体教研，可以更好地胜任劳技学科教学，学会解决了一些技术问题，学会了一些工具使用技巧，学会了合理调整教学方法、学会了使用信息技术手段开展教学，等等，这些都是教师在共同体教研中收获的成果，都是教师的职业需求，是教师成长与发展的必备条件，是教师希望在教研共同体中获得的成长。

建立良好的教师激励机制，可以使教师个人激励与个人发展、教研共同体群体激励与劳技学科发展都密切结合起来，成为教研共同体内部的活力和生命力。

以上区级层面区域教研共同体的核心管理机制的建立初步完成的内容如表1-4-3所示，将在今后的研究和实践中进一步完善和优化。

表1-4-3　区级层面区域教研共同体的核心管理机制建立的基本步骤

机制	构建步骤
目标机制	1. 劳技教师梳理个人对劳技学科教研的需求和个人专业发展的愿景。 2. 了解和学习区域劳技学科教研共同体的共同愿景。 3. 基于共同愿景，教师在区域教研共同体中明确个人发展愿景和发展目标。 4. 在区域教研共同体中，选择学段、教研项目活动或设计教研项目并组建小型项目团队来实现教师发展目标

机制	构建步骤
保障机制	1. 区域教研共同体的教研活动在教研时间上要得到保障，如每学期开学制订好教研活动计划，合理安排教研时间；及时下发教研活动通知；共同体成员内部互相及时提醒等，保证成员能够按时参加教研活动。 2. 场地及资源上的保障。共同体教研要充分挖掘学校的专用教室、专用工具配置等学科资源，包括专家资源、技术资源、教师资源、课程资源以及相关技术实践类课程的拓展资源等，都可以为共同体教研提供资源上的支持与保障。 3. 教师、教研组织和教研员都要积极为共同体教研争取和开发资源，争取上级部门和领导对学科教研的关注和支持，争取在工具、材料以及相关经费上的支持和保障，为共同体教研"开疆扩土"
团队协同机制	1. 教师要明确教研共同体成员互相之间是教研伙伴关系，保持真诚、信任和合作的教研态度。 2. 学会成员之间互相学习、互为指导、共同交流和分享。 3. 有团队精神和团队意识，营造和谐的教研氛围，贡献个人智慧，呈现集体智能。 4. 对年轻教师和新加入教研共同体的成员给予帮助，保持共同体"且学、且研、共成长"的团队态势
教师激励机制	1. 积极为教师专业发展搭建平台：定期策划和组织教师的教学展示和评优活动定期开展学科科研研讨、推荐优秀论文、课题参加区级及以上部门的评选或发表；开展教师专业技能的理论讲座或技术培训等。 2. 培育经验型教师、特色教师、教师之星。在劳技学科教师中，对新加入劳技学科教学的教师进行指导、交流、答疑和帮助，使其尽快成为劳技学科的"教师之星"；对有经验、资深的劳技教师进行经验型教师的评选；对在教学、技能技巧、课程建设等方面有特色的教师给予区域学科教研共同体内部的评选和认定，使教师获得成就感。 3. 区域教研共同体对教师在职称晋升，教师之星、骨干教师、学科带头人评选中提供指导和帮助，促进教师实现自身专业发展

（三）学校积极配合，建立配套的管理制度

区域教研共同体的管理，除了共同体内部的规范有序管理，来自学院和学校等外部的配套管理制度也要相应跟上，与区域教研共同体管理形成内外结合、互为有效的双向管理机制。

1. 教师参加区域教研的管理制度

目前教师参加区域教研的管理制度是按照教师任课情况，自主参与相关学科教研，但对于劳技教师，更多的是兼职教师，他们往往只参加自己认为为主的一门学科参加教研活动即可，所以，忽视了劳技学科的教研。所以，教育学院在区域教研管理上应该建立每学期让教师自主选择和认定所参加教研的学科，并按照规范对参加教研的情况认定学分，包括参加教研的次数和质量。目前闵行区在区域教研上已经给予经费支持，如报销车费，区级每次60元，市级每次120元，这样在管理制度上也是对教师参与教研的一种鼓励。同时还有反馈制度，即以教师参与教研的情况记录作为反馈，才算完整参加一次教研活动。

教师参加区域教研的管理可以通过考勤、网上平台记录、扫码、教研记录、网上反馈等多种方式进行管理。既要保证参与教研的教师群体的稳定性，也要保证教师认真参与每一次教研活动的规范性。

2. 教师参加区域教研的监督制度

目前教师参与区域教研存在迟到早退，或请假，或不积极主动等问题，学院、教研员本意在于依靠教师的教研自觉，但必要的监督制度还是不能缺失。

以劳动技术学科区域教研共同体的教研活动来看，监督制度主要体现教师的参与次数和参与质量，参与次数可以通过考勤进行记录和监督。在这方面，教研员要对每一次教研活动都认真做好汇总，不管是大教研还是小型教研，都要做好数据统计和记录。另外，参与质量还没有作为监督制度纳入监督机制，从可操作性来看，共同体的监督制度是从教师参与教研的认真态度、主动参与的热情、参与过程的积极性以及在教研中的成果体现作为基本监督制度的。

从配套制度的角度来看，监督制度还应包括学校对教师参与共同体教研的活动记录和活动成果进行一定程度的监督，一方面帮助学校对教师的教研情况进行管理，另一方面，也使得教师有意识地规范参与区级、区域教研，做到随手记录、勤于思考、勇于发言、梳理成果，这样教师的进步与发展才能更加有效。

3. 学校为教师的区域教研建立保障机制

教师在参与区域教研或者区域教研共同体活动时，需要在时间和空间上得到保障，即学校要保障教师按时参加区域教研，在教师正常的教研活动时间里，不能安排其他工作，让教师无法"分身"。

对于教研地点较远或不方便的地方，建议学校给予车辆的支持和保障。劳技学科教师在参加教研活动时候，如需要取得学校的支持，要有教师申报制度，比如申请车辆、经费、提前出行的时间安排等基础性保障，在区域教研上首先获得学校的支持和保障。

4. 学校的区域教研评价制度

学校对区域教研的评价制度尚未建立，建议学校在区域教研的评价管理上，应该转变管理与考评制度的功利性为自觉性。在教师自主选择学科教研的基础上，教师的教研应该逐渐形成教研自觉，即自主选择学科教研、自觉参与教研、自觉向学校汇报教研成果。

学校在此基础上，对教师的教研情况进行整体评价，制定学校的区域教研评价制度，建议以鼓励和奖励为主，引导教师在教研上形成自主的学科教研特色，学校可以在各学科全体教师中进行比较和评价，再给予认定和奖励，使教师感受到教研主动和教研自觉的真正意义，在教研自觉中发挥本体主动性和积极性，从而更加主动地参与区域教研并从中获得专业发展。

（四）坚持长效机制，形成区域教研文化

在区域教研共同体的建设与发展中，会遇到一定的困难或问题，所以区域教研的进展可以快，可以慢，但不可以停止。只有坚持长效机制，才能形成区域教研文化，形成区域教研共同体的教研文化。

1. 建立合作教研的伙伴关系，形成快乐分享的教研文化

上海市闵行区劳技学科区域教研共同体在构建和教研活动中，逐渐形成了快乐分享、合作学习、乐于服务的共同体教研文化。文化是一种无形的氛围，注重教师的本体感知。迈克·富兰于20世纪90年代进一步强调教师专业合作的重要性，他指出："合作对于个人的学习非常重要。如果我们不与人交往，我们能够学到多少东西是有局限的。合作的能力不论在小范围还是大范围内，在后现代社会正在成为十分需要的能力之一。只要他思想开放（提倡探索），个人的力量与有效的合作相结合将变得更为巨大。"[①]所以教研共同体就是合作教研文化的主要阵地，教师对区域教研共同体的感知和认识，就是可以在共同体内和同行教师进行交流合作，互相学习，快乐分享，是教师专业发展的教研主阵地。

目前劳技教师在劳技学科教学中越来越体会到快乐教学和快乐实践的意义，因为在区域教研中，教师不仅发现了劳技学科的教学魅力、技术魅力，还体验了制作作品成果的快乐；在教研共同体中，可以向有经验的教师学习，向有技术专长的教师学习；大家可以互相交流、分享经验，也可以探讨教学和技术中的问题，发现解决问题的方法和途径。另外，在共同体的区域教研中，还开发了劳技教师的服务意识，教师不再是因为自上而下的任务才去做一些服务性工作，而是在策划和组织活动中，教师根据实际情况，愿意提供资源、提供服务，乐意为其他教师和教研活动的顺利实施提供一些服务、奉献一类的工作，教师不计较得失、不怕麻烦，要做许多与学校领导、相关部门和相关教师的沟通性工作，为区域教研做好准备性工作，这都是在教研共同体建设中，教师沟通能力、合作意识、服务态度等方面的能力全面提升的综合表现。

通过教研共同体构建，在劳技教师群体中建立合作分享的教研伙伴关系，并形成快乐分享的劳技学科教研文化。区域教研要改变教研员主导的现状，要鼓励教师明确自身是教研共同体成员，要对区域教研和教师专业

① 魏会廷. 教师学习共同体——促进教师专业发展的新途径［M］. 武汉：武汉大学出版社，2014：39.

发展担负一定的责任。首先要明确教师是教研共同体主体的意识，并要学会积极发挥主体作用；其次是营造合作分享的教研氛围，注重形成成员之间是交流、合作、分享的教研伙伴关系，鼓励教师彼此之间真正合作分享，在真诚友好的教研氛围中交流学习、合作研讨、收获经验，获得成长，其中还要注重对教师合作能力的培养，如在第二章提到的倾听、表达和沟通等方面的能力。

2. 共同体构建重在对劳技学科教研的长效管理

目前在区域教研共同体的管理上，特别是对劳技学科这样兼职教师比例相对较高的教师群体，在教研管理上还是需要进一步加以完善的。区域教研配套机制的建立，不仅是区教育学院负责，还要从学校层面和教师个人层面建立配套管理机制并协调运作，既强化了区域教研的规范管理，也突出了对教师专业发展上的激励机制的作用。如果将这些配套机制逐一完善，逐步解决劳技学科教研中的问题，直至形成良好的学科教研氛围，并能很好地延续区域教研共同体的教研文化，还需要一个长期的过程，还要努力加强学科的教研管理，理论与实践并举，秉承理念先行，科学管理，机制长效，最终凸显教研成果。

当然，在劳技学科区域教研共同体构建中，还有很多工作值得去探究和实践，本研究也将继续深入推进。相信在教育学院、基层学校和全体劳技教师的支持配合下，区域教研共同体将会得到更好的发展。

【备注】

2022年4月，在教育部制定的《义务教育劳动课程标准（2022年版）》出台后，义务教育中的劳动技术学科更名为劳动课程。本研究提到的劳技学科和劳动课程是同一学科。

第二篇

区域教研共同体下的

实践研究

区域教研共同体的构建，有了区域教研共同体构建的理论基础，也有了区域教研的常态组织形式，主要是按照小学、初中、高中三个学段分别建立了劳动课程学科教研坊，将学科中心组、专职教师、相对稳定的兼职教师、骨干教师以及愿意在劳动课程中实现专业发展的教师组成教研团体，构建区域性各学段教研共同体，目前上海市闵行区有小学学段共同体成员17人，初中共同体成员26人，高中共同体成员11人，再形成区域劳动课程教研共同体成员共54人。既可以发挥作为学科优势力量的骨干教师群体在学科教学研究方面的积极性， 也可以团结那些对劳动课程教学报以研究热情的兼职教师和青年教师，使他们能找到学科团队归属感，对自身的教师专业发展有信心、有方向，还有团队的支持和帮助，这也是构建区域教研共同体的初心，最终还是为学科教学研究和教师发展提供指导和服务。

区域教研共同体的教研管理中，教研员培育主动工作意识，厘定自身在共同体中的角色，搭建好学院教研工作与学校学科工作之间的桥梁；鼓励教师突出教研自觉意识，明确自身专业发展方向的同时，也要明确教研共同体对个人发展的价值，逐步形成合力。为了进一步提升区域教研共同体的教研实效，学科教研中的培训不断跟进，为教师提升教育教学能力而助力。比如利用好市师资培训中心、区教育学院提供的专业培训平台，提高学科领导力；比如疫情期间开展线上教学时，基于共同体成员的需求，及时推出了"居家劳动课程在线教学指导建议"的教研培训，并组织优秀教师开展线上教学经验交流与分享，使共同体成员和广大劳技教师能及时适应线上教学并取得一定的教学效果。

区域教研共同体的长效管理机制，在教研实践中主要体现在：一是基于教研自觉的教师激励机制，二是逐步形成区域学科教研文化。在教师激励机制中，目标激励、团队激励、榜样激励和成果激励效果较为突出，在各学段坚持定期自主开展教研的过程中，增进教师间彼此了解，团队成员经常互相鼓励、互相帮助，为每一次靠近目标和愿景而欢欣鼓舞，如鼓励教师参加市、区教学评选、说课比赛、教科研成果评选等活动，团队间互相激励。其中有些共同体成员已经跻身到骨干教师、学科带头人、市学科中心组的队伍，有的成员已经进入市"空中课堂"录制，教育部"精品课程"评选，开设市、区级公开课的行列，已经成为共同体中的榜样力量，成为青年教师的学习目标。同时，共同体成员在市、区课题立项、课题研究、论文撰写、课例研究等方面也取得了很大进步，先后有市级课题立项、区级优秀课题结题、多篇论文获奖或发表，这些教学研究成果的激励使共同体成员对未来发展更有信心。

　　教研共同体在形成区域教研文化方面，也发挥了显著的作用。首先是教研共同体各成员聚焦学科教学，基于共同的愿景，建立教研目标，并逐步落实。其次就是基于学科研究层面的需求，需要找到教研方向。因为劳动课程教师群体在学校相对人数少，缺少学科团队研究氛围，所以在学科课题研究和论文课例研究中缺乏目标方向。在共同体各成员的讨论研究中，目前在学科研究中大家都比较感兴趣的研究方向是"五育"并举下的以劳树德、以劳育美方面的教学研究。于是教研共同体确定了研究方向，形成了以教促研，以研促发展的共同愿景，建立了以教研员为引领，共同体成员共同参与课题研究的教研目标，在课题研究中开展教学实践，促进教学改进，并有针对性地撰写相关论文和课例，在努力做好学科研究中落实共同愿景。所以，近几年来逐渐形成了以劳育美，美劳共育的学科教研文化氛围，广大劳动课程教师在劳动教育、劳动课程教学中都比较关注美育渗透，关注在发现美、感知美、创造美的过程中，进行劳动课程的开发与实施，也进行了美劳共育方面的专项教学研究，使以劳育美，美劳共育的学科教研文化氛围更为浓厚。

　　本书整理了区域教研共同体近几年来的劳动课程教学研究成果，以体现区域教研共同体在学科教研上的成效，也能看到在学科实践研究中形成的教研文化氛围，给学科研究和教师专业发展带来的深远影响。

第一章　艺术审美视角下，
初中劳动课程开发与实施的实践研究

　　在传统技术类学科教学中，更多地注重技术规范和技术标准，但从多年的劳技学科教学中，我们越来越觉得劳动技术在培养学生技术素养的同时，更多地注重设计、创新、多元、审美、文化传承等，这就从简单的技术上升为技艺。课题研究旨在寻找劳动技术与技艺之间相互关联又相互支撑的契合点，从艺术审美视角，适度整合初中劳技课程，开发新课程，并探索和研究课程实施方法。在区域教研共同体的教学研讨中，普遍认为这是一个值得思考且具有现实意义的议题，而且值得进一步做深入研究和实践，于是在区域教研共同体中组建课题研究团队，积极进行教学实践，提供研究资源，开启了课题研究。

　　本课题的研究与实践，对全区劳动技术教师开展了关于"闵行区劳技课程开发与实施的现状"的问卷调查，全面把握、了解闵行区劳技课程现状与教师需求。在此基础上，集中区域教研共同体的核心力量，通过对初中劳动技术课程的梳理和研究，深入挖掘初中劳技艺术审美方面的课程资源，以课程开发和教学实践为策略，整体实施推进初中劳技的内涵，致力校本课程的共建共享，进而探索闵行区初中劳动技术课程发展之路。

　　本课题的实践研究，对提升劳技学科的高阶目标要求，培养学生创新设计的思维能力、艺术审美素养，促进学生全面发展，促进初中劳技教师的专业成长，树立了闵行区初中劳动技术的特色标杆，产生了积极的推动作用。研究收集了初中劳技课程开发的相关案例，不仅体现对学生技术素养的培养，而且还体现了师生对技术品质和作品精美与创意的更高追求。与此同时，对课题研究的反思和对后续推进的思考，我们也形成了新的认识和设想。

一、研究概述

（一）研究背景

在传统技术类学科教学中，更多地注重技术规范和技术标准，但从多年的劳技学科教学中，我们越来越觉得劳动技术在培养学生技术素养的同时，更多地注重设计、创新、多元、审美、文化传承等，这就从简单的技术上升为技艺。"所谓技艺，即富于技巧性的武艺、工艺或艺术等。"这里取其意为柯岩《奇异的书简·东方的明珠三》："锦绣、抽纱、漆画、金银宝石镶嵌的那些花鸟、人物的精巧技艺，又使他们叹为观止。"[①]所以本课题研究旨在寻找劳动技术与技艺之间相互关联又相互支撑的契合点，从艺术审美视角，适度整合初中劳技课程，开发新课程，并探索和研究课程实施方法。在教学实践中更好地实现《上海市普通中小学课程方案》中"拓展基础内涵，加强课程整合"的跨学科理念，其中要求"重视学习领域的合理配置，加强各学习领域及各科目间的联系，注重科目内学科、活动、专题间的有机联系以及模块或主题间的有机联系，促进学生形成合理的认知结构"。这里可以参考一下艺术课程的相关课程标准，并加以借鉴和辅助，把艺术审美的元素进行融入劳技学科教学，为劳技学科提升技艺提供帮助。

从课程定位来看，中学劳动技术学科的课程定位是："在基础教育阶段，劳动技术课程是中小学生在教育者的引导下，通过独立活动或者与他人合作，在设计、制作、使用、维修等一系列劳动体验和实际探究的技术活动过程中学习技术知识、掌握技术操作、增强技术意识、提高技术素养

---

① 柯岩. 奇异的书简［M］. 成都：四川人民出版社，1980：97.

的一门基础课程。"① 主要是具有实践性、综合性和创造性的特征。

从课程理念来看，劳动技术课程有两点提道："以激发技术学习的兴趣为引导，开发学生的创造潜能""以解决实际技术问题为途径，培养学生的综合实践能力。"②

从课程目标来看，"中小学劳技课程的总目标是通过教与学的实践，使每个学生都'会动手、能设计、爱劳动'，提高学生的技术素养"③。

从中学艺术课程定位来看，"艺术课程以艺术审美为核心，通过美术、音乐、舞蹈、戏剧、影视等各艺术门类之间的相互融合，以及与人文、科学、技术等学习领域相关课程的相互渗透促进学生艺术同感、迁移思维和整合素养的形成。"在艺术课程总目标里，也指出"主动参与多种艺术体验和实践活动，初步学会听、看、唱、奏、演、画、设计等艺术学习的一般方法。"④

本研究将梳理出适用于提升劳技学科技术素养和艺术素养的审美要素，并对这些要素作出阐述，用于衡量评判作品、指导教师教学、帮助学生创意设计和制作，将技术学习进一步提升到技艺展示的目标水准，从而推进学科教学和课堂教学改进。

综上所述，无论是从课程定位、课程理念、课程目标上，还是从研究背景、教学实际、教师配置、教师专长等方面，我们都可以看到两个学科所具有的共通和共融之处。因此，课题研究试图寻找整合两个学科的方法和途径，让技术和艺术相结合，共同展现独具魅力的教学方式。从劳技学科研究上看，我们的侧重点还在于对初中劳动技术教材的深入挖掘和拓展，梳理与艺术审美有关的教学内容，积累教学实践中与艺术审美有关的

---

① 上海市中小学（幼儿园）课程改革委员会. 上海市中小学劳动技术课程标准［S］. 上海：上海科技教育出版社，2007.

② 同上。

③ 同上。

④ 上海市中小学课程改革委员会. 上海市中小学艺术课程标准［S］. 上海：上海教育出版社，2004.

教学案例，进一步丰富学科教学，为教师提供教学参考样例，并提高教师教学中的技术要求，走向艺术审美、个性化创新，激发学生对劳技学科学习与实践的兴趣，培养学生乐于动手的实践能力和审美情趣，提升学生技术素养。

（二）研究目标及内容

1. 研究目标

本课题的研究旨在寻找劳动技术学科和美术学科的契合点，选择最合适的研究内容作为彼此的支撑和提升，通过劳动技术课程和美术课程的相互整合，对初中劳技课程进行全面设计和开发，以课程为核心、课堂为抓手，改变教与学的方法，促进劳技教学的改革。具体体现为以下四个方面：

（1）以现有的初中劳技课程为基础，选择其中纸艺、电子技术、食品雕刻等项目为载体，提升课程内容中的美育功能，整合美术学科，对课程项目进行全面设计和改革；选择软陶、陶艺等基层学校普遍开展的劳技拓展课程，完善软陶、陶艺的课程内容，形成具有特色的校本课程。

（2）通过劳技技术与美术课程的整合，以改变教学方法为抓手，引导教师的跨学科理念，发挥劳动技术课程的整体育人功能。

（3）通过课题研究，开发新课程，改变劳技课堂教学，促进教师专业发展，引导教师在教育教学和技术实践中走向专业、精致到高品位。

（4）通过变革原有的劳技课程，促进学生全面发展，在实践体验中由完成一份作业，到完成一件作品，再到完成一件精品，培养学生养成良好的技术素养和审美情趣。

2. 研究内容

通过本课题研究，让技术学习不仅成为提升学生技术素养的途径，而且成为提升师生技艺和促进学生综合素质发展的有效平台。它不仅要解决生活中的技术问题，而且在技术学习的过程中创造美、欣赏美、传承技艺、传承民族文化，在实践体验中升华审美情感、热爱生活、完善人格。具体体现为以下五个方面：

（1）在技术学习中如何设计艺术化的课程，增强学生对艺术的兴趣爱好和审美情趣。

（2）在艺术审美中，关注艺术效果对于技术的有效支撑。

（3）在创意设计与技术应用中，如何增强其艺术表现力，更好地装饰和美化生活。

（4）如何从技术和艺术相结合的角度来评价作品。

（5）按年级梳理初中劳动技术教材内容，整理和提炼与艺术审美有关的教学内容，加以深入挖掘和拓展，整理出一线教学实践的相关案例。

（三）情报综述

1. 审美活动构建审美心理结构

杜东枝在《美·艺术·审美——实践美学原理》一书中将美定义为人类审美经验的总结。审美将体验过程中逐步发展和培养起来的审美经验以成果的方式沉淀于主体心理结构之中，构建起主体的审美心理结构，并把审美活动作为塑造具有高度自由感和自律性的人的重要途径。[①]

2. 劳动技术教育中技术素养和审美情趣相辅相成

《中国大百科全书·教育》中认为，劳动技术教育"是培养学生的劳动观点，形成劳动习惯，并是学生初步掌握一定劳动技术知识与技能的教育"[②]。刘世锋在《中国教劳结合研究》一书中认为，"劳动技术教育是在普通中小学实施的使学生既学习某些技术和工艺的基础知识，又参加一定的劳动和实践，以树立正确的劳动观点，养成文明劳动的习惯，了解现代生产和技术的基本原理，并掌握相应的多种基本技术，为以后从事某种

[①] 杜东枝. 美·艺术·审美——实践美学原理［M］. 昆明：云南大学出版社，2015：209—213.

[②] 中国大百科全书总编辑委员会《教育》编辑委员会. 中国大百科全书. 教育.［M］. 北京·上海：中国大百科全书出版社，1985：217.

职业打基础的教育活动"①。在《现代教育学》一书中提出，"劳动、劳动技术教育在人的个性发展的初级阶段具有奠基功能。人的全面发展的各要素，如道德素养、知识素养、智慧能力、审美情趣、体质体能、劳动素养六大方面，并非平面结构，亦非并列存在，而是呈现出递进、分层次的逻辑结构，而且是立体的多维性的复杂的相互矛盾又统一的关系"②。"二期课改"劳动技术课程目标是，通过教与学的实践，使每个学生都"会动手、能设计、爱劳动"，提高学生的技术素养。

从劳动技术学科发展来看，劳技教育从初步掌握劳动技术知识与技能，培养劳动习惯到逐步走向与审美情趣、个性创新、设计实践、育人价值观相融合的学科发展方向，为学生全面发展、树立终身学习理念、提高学生动手实践能力、提升学生综合素养打下坚实的基础。劳动技术学科在教学实践中更多地注重技术规范、操作流程规范等，但对作品的评价已经考虑到设计理念、小组合作、技术达标、作品艺术效果等很多方面，其中就融入了审美情趣和审美感知能力的认知和培养，从审美感受力上来引领技术规范和技术达标的有效度。所以，我们要关注艺术审美对劳技学科建设的影响与促进作用，进一步发掘劳技学科的教学内涵和文化内涵，充分体现学科育人价值。

3. 在教学中，学生劳动创作活动也是审美活动

英格兰技术教育课程中提到，"技术作为学校的一门核心课程，其目标是：通过技术教育学会思考，创造性地改进生活质量；成为自主的、创造性的问题解决者；通过学生的需要、渴望和机会发展他们的观念，以设计、制作产品和系统；结合实践技能、美学、社会和环境等议题，反思和评价现在和过去的设计与技术及其使用和效果；通过设计和技术教育，成

---

①　刘世锋. 中国教劳结合研究［M］. 北京：教育科学出版社，1996：239-240.

②　王鸿江. 现代教育学［M］. 上海：上海教育出版社，2001：413-414.

为革新者以及有识别力的见多识广的产品使用者"①。其中，在技术教育课程中就涉及美学议题，说明技术实践或技术产品是需要有艺术审美加以支持的，是离不开审美对设计、对技术教育的识别、支撑和完善的。

马克思说："劳动的产品就是固定在某一对象中、物化为对象的劳动，这就是劳动的对象化。"②说明动手实践制作的作品就是体现美的实物对象，劳动创造了美也是基于此，那我们制作的作品就必然离不开审美视角的解析与解读，在设计制作中就要以艺术审美来架构，提升制作的技术标准和精细化程度，体现传统文化、智慧才能、个性创意、美与享受等多元体验，使广大学生在动手实践中展现更为丰富的学科文化内涵。

（四）核心概念界定

艺术审美与视角是一对相辅相成的观察方式和评判角度。艺术具有鲜明的时代性，也是艺术家个人意念的化身。"艺术的价值内容可分为物、境、理，三个层次的价值观也把艺术所产生的精神境界划分为三类：艺术境界是摹写、艺术境界是联想、艺术境界是抽象；在艺术的形式上，我们根据它所使用的物质媒介可归结为'言''声''象'三大板块。而艺术中绘画这一大类就是通过色彩、线条、构图等一系列表现手法来描绘具体的我们所感知的形象来表达感情。"③艺术与美是密不可分的，美之极致，就是艺术。我们在判断作品时，要看作品在艺术表现方面是否传达出了美，传达出了什么样的美，对于劳技学科制作的作品不仅要从技术规范来评判，还要看作品是否传达了美，是否体现了艺术效果，这样才能引导师生在作品制作中走向艺术审美，并体现文化影响和个人情趣。

---

① 上海市教育委员会教学研究室. 设计 技术 创新［M］. 上海：上海教育音像出版社，2013：10.

② ［德］卡尔·马克思. 1844年经济学哲学手稿［M］. 中共中央马克思恩格斯列宁斯大林著作编译局，译. 北京：人民出版社，2000：52.

③ 王倩. 浅析审美是艺术——美的多重性［J］. 大众文艺，2015，（1）：85.

（五）研究方法与路径

1. 研究方法

本研究采用文献法、行动研究法、案例研究法、经验总结法对初中劳动技术课程开发与实施进行研究。

（1）2015年6月—2016年6月（研究的准备阶段）：至少查阅量20本（篇）。搜集、学习国内外劳动技术课程构建的有关理论、专著和科研信息，把握课程构建的核心理念、目标和方法，从而掌握艺术审美视角下初中劳动技术课程构建的方法，更好地指导课题研究，保障课题顺利进行。

（2）2016年6月—2017年6月（阶段研究）：选取上海市闵行区部分学校进行劳技课程构建与实施情况的案例分析，并在此基础上研究劳技课程构建的有效策略。收集整理劳技与艺术审美有关的教学内容和实践案例进行交流和研讨，搭建课题研究的框架和任务分工，汇总与此相关的PPT和资料，进行整理与筛选。

（3）2017年6月—2019年6月（阶段研究）：在课题研究的实施阶段，采用行动研究和案例研究，以培养学生养成良好的技术素养和审美情趣为目标，着力挖掘区域劳技教育资源，构建具有闵行特色的劳技校本课程，边实践边总结边改善。该阶段的具体工作是课程梳理，请专家指导和评估，各成员分工完成课题撰写任务，再进行各小课题汇总。

（4）2019年11月（课题总结阶段）：整理实验资料，对课题进行全面的总结，撰写报告。

2. 研究过程

"艺术审美视角下初中劳动技术课程开发与实施的实践研究"课题研究中，寻找劳动技术学科和美术学科的契合点，整理劳技与艺术审美有关的课程案例，整合初中劳技课程，开发新课程，改变劳技教学方法，是本课题研究的五个内容，以实现学生综合素质培养，引导教师的跨学科理念，发挥劳动技术课程的整体育人功能的研究目标。因此，整合现有课程、开发新课程、改变劳技教学方法是艺术审美视角下初中劳动技术课程开发与实施的核心内容。课题研究和实践将沿着"成立项目组，制订实施方案—进行前期文献研究和实践调研，确定研究内容—课程案例进行交流和研讨—整合和开发课程—进行不同层面专家征求意见—深入学校和课堂，进行实验、试用—案例研究、区本教研、跨学科活动、专题研讨—扩大实验范围—总结实验成果，修改完善文件—推广研究成果"的思路展开。

二、研究过程

（一）闵行区劳技课程开发与实施的现状及分析

1. 前期调查——问卷调查

（1）调查问卷的设计。

本问卷在于了解上海市闵行区劳技课程开发与实施的现状及需求，结合劳技学科课程建设区级教研活动精选可操作的关键性指标，形成适用于各调查问卷的指标体系，以此为依据进行问卷的设计、编制和分析工作。明确本调查问卷的适用范围，注重其效度和信度。

本调查的问卷由笔者设计，在和课题组成员共同研讨的基础上，几易其稿。基于前述研究目的，调查问卷可以分为三个主要部分：基本信息、校本课程、渗透情况及存在问题。全部为客观题，以单选题为主，个别题目为多选题。详见附录1。

（2）调查方法。

本次调查所运用的方法是将问卷设置在网络上，设置问卷调查二维码，通过区级教研活动现场扫码以及闵行区劳技教师群内发放问卷，通过问卷网进行问卷收集和基本数据分析。

（3）调查区域及样本量。

本次调查的主要内容是针对闵行区劳技课程开发与实施情况进行调研。本次参加问卷调查的教师问卷回收总数为140份，均为有效问卷。

（4）数据处理方法。

由于调查是匿名的，而不是对教师进行"好"或"坏"的评价，相对而言保证了调查的真实性。在数据处理时，利用问卷网的数据分析功能对每道题的数据进行汇总分析，同时也将所有有效问卷的数据使用excel进行图表分析。还对基础信息与现状及存在问题进行了交叉分析，如不同年级、不同工作年限、不同渗透的情况交叉分析。

（5）调查指标体系。

在设计调查问卷时，首先进行调查指标的编制，通过明确调查目的、调查项目和调查具体内容确定问卷，详见闵行区劳技课程开发与实施的现状及问题调查指标体系（表2-1-1）。

"闵行区劳技课程开发与实施的现状及分析"调查指标设计时，一是注重系统性和综合性原则，考虑影响艺术审美视角下，初中劳动技术开发的不同内容及其内在联系，设定的各指标之间具有一定相关性和独立性，通过指标综合，从而全面真实地反实际状况。二是考虑到指标层次性和代表性，艺术审美视角下初中劳动技术开发现状是一个较复杂的状态，因此将调查指标体系分为一级指标、二级指标和具体内容。二级指标从属性角度出发，以方便切分不同维度，但也有从类属角度出发，以方便收集不同需要和分析现状。三是指标设计遵从简明性和可得性的原则。维度的切分和类属的选择力求简明、概括，具有代表性和独立性，因此尽可能设计较少指标的数量，采用综合性指标，避免指标间的信息重复，同时考虑指标数据的可得性、可比性。指标体系如表2-1-1所示，一级指标包括背景信息、教材现状、艺术审美渗透和存在问题。其中背景信息指的是调查对象的基本信息，包括性别、教龄、职称、专业、年级和辖区等；教材现状指的是校本教材的开发情况和艺术审美渗透情况，包括所用教材和现有渗透两个指标；艺术审美渗透指的是在教学中渗透艺术审美的课程、环节、方式和功能，其中包括了艺术审美渗透的关注程度、渗透课程、采用方式、实施环节和实施效果等指标；存在问题指的是现行状态的问题和需要，包括实施是艺术审美渗透中存在的问题以及教师的需求。

表2-1-1　闵行区劳技课程开发与实施的现状及问题调查指标体系

一级指标	二级指标	具体内容
背景信息	性别	男、女
	教龄	3年以下、3~5年、5~10年、10~20年、20年以上
	职称	尚无职称、初级、中级、高级
	专业背景	哲学、经济学、法学、教育学、文学、历史学、理学、工学、农学、医学、艺术学、管理学
	所教授年级	四年级、五年级、六年级、七年级、八年级、高一、高二、其他
	专兼职	专职、兼职、其他
	辖区	古美街道、虹桥镇、华漕镇、江川路街道、马桥镇、梅陇镇、浦江镇、七宝镇、莘庄工业区、莘庄镇、吴泾镇、新虹街道、颛桥镇
	教研组	有、没有
	学校	"新优质学校"创建项目校、"新基础教育"研究实验校、"电子书包"项目学校
教材现状	所用教材	通用教材、通用为主补充部分校本课程、校本课程
	现有教材中的渗透	纸艺、绳结工艺、食品雕刻、布艺、盆花栽培、木工制作、金属丝工艺、花卉盆景、插花技艺、电工技术、电子技术、其他
艺术审美渗透	关注情况	有、没有
	课程渗透	纸艺、绳结工艺、食品雕刻、布艺、木工制作、金属丝工艺、花卉盆景、插花技艺、电工技术、电子技术、校本课程、其他
	功能	激发学生兴趣、提高作品质量、拓展学科功能、培养核心素养、关注美好生活和生活品质、联系实际学以致用
	环节	导入、新授、辅导、评价、作业、拓展
	方式	图片、视频、音乐、作品、艺术加工
存在问题	主要问题	没有合适的教材、没有足够的资源、缺乏专业素养、缺乏相应的方式方法
	是否需要帮助	很需要、需要、不需要

2. 闵行区劳技课程开发与实施的现状及问题

经过对问卷数据的分析，课题组对闵行区劳技课程开发与实施的现状及问题进行概括和总结，发现目前存在着以下几方面的问题：

（1）闵行区劳技学科教师团队中，近半数为3年内的新教师，兼职劳技教师超过70%，小学教师人数最多。

通过调查，发现有45%的教师从事劳技学科教学的教龄在3年以下，20年以上教龄的劳技教师仅占6.43%；兼职劳技教师占74.29%，专职劳技教师为25%；小学阶段的劳技老师有102人次，初中阶段的劳技教师72人次，高中阶段仅为15人次。（图2-1-1）通过分析，课题组发现闵行区劳技教师团队结构不尽合理，兼职情况较多，同时课题组认为闵行区劳技教师队伍建设提升空间较大。

（2）年级越高使用校本课程的比例越高，教龄越长课程越丰富，初中阶段尚以通用教材为主，补充部分校本课程。

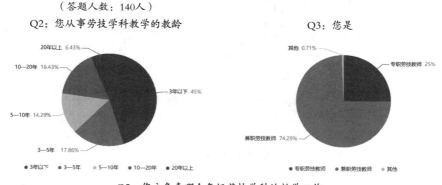

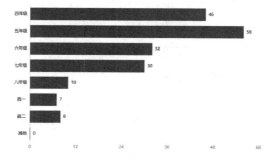

图2-1-1　劳技教师现状（问卷汇总截图）

通过调查，发现四年级任课教师有95.7%使用通用教材，五年级任课教师有85.7%使用通用教材，六年任课教师有71.9%使用通用教材，七年任课教师级有63.3%使用通用教材，八年级任课教师有60.0%使用通用教材，高一任课教师有28.6%使用通用教材，而高二任课教师仅有25.0%使用通用教材；（图2-1-2）3年以下教龄的教师有87.3%使用通用教材，20年以上教龄的教师有55.6%使用通用教材。（图2-1-3）从数据中分析，课题组发现高年级、高教龄的教师课程丰富，校本课程比较高，且呈现出正比现象，初中阶段尚以通用教材为主，补充部分校本课程。

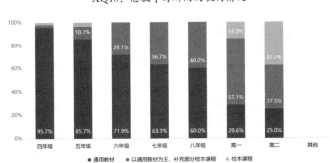

Q5：您主要负责哪个年级劳技学科的教学工作
XQ10：您教学时所用的教材情况

图2-1-2 不同年级任课教师劳技学科教材使用情况（问卷汇总截图）

（3）纸艺、绳结、食品雕刻和木工四个课程在艺术审美渗透上具有高认同。

通过调查，发现纸艺课程的艺术审美渗透在不同年级的任课教师认同度分别是四年级76.1%、五年级57.1%、六年级84.4%、七年级63.3%、八年级70.0%、高一57.1%、高二25.0%；（图2-1-4）纸艺课程的艺术审美渗透在不同教龄教师的认同度分别是3年以下66.7%、3～5年64.0%、5～10年75.0%、10～20年60.9%、20年以上77.8%；（图2-1-5）纸艺课程的艺术审美渗透在不同性别的认同度分别是男性教师70.8%、女性教师65.2%。（图2-1-6）从数据中分析上看，无论对年级、教龄还是性别进行交叉分析，纸艺、绳结、食品雕刻和木工四个课程在艺术审美渗透上都呈现出高认同。

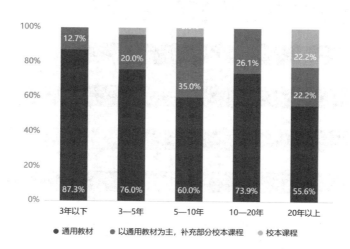

图2-1-3　劳技学科教材使用情况（问卷汇总截图）

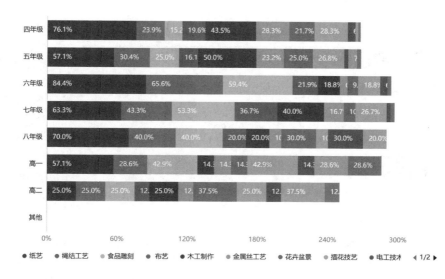

图2-1-4　不同年级任课教师与教材渗透艺术审美内容理解的相关性（问卷汇总截图）

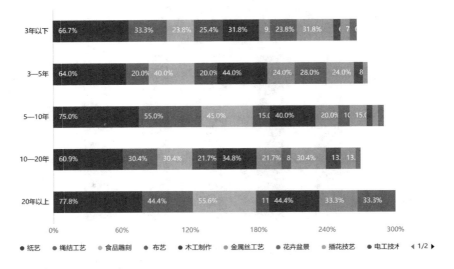

图2-1-5 不同教龄教师与教材渗透艺术审美内容理解的相关性（问卷汇总截图）

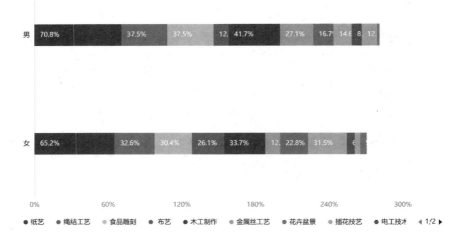

图2-1-6 不同性别教师与教材渗透艺术审美内容理解的相关性（问卷汇总截图）

（4）绝大多数教师都在教学中引导学生关注艺术审美和生活情趣。

通过调查，发现3～5年、5～10年、10～20年以及20年以上教龄的教师都能在教学中引导学生关注艺术审美和生活情趣，3年以下教龄的教师在教学中引导学生关注艺术审美和生活情趣比例为92.1%；专职教师在教学中引导学生关注艺术审美和生活情趣比例为100%，兼职教师在教学中引导学生关注艺术审美和生活情趣比例为95.2%。（图2-1-7、图2-1-8）课题组发现绝大多数教师都在教学中引导学生关注艺术审美和生活情趣。

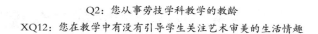

Q2：您从事劳技学科教学的教龄
XQ12：您在教学中有没有引导学生关注艺术审美的生活情趣

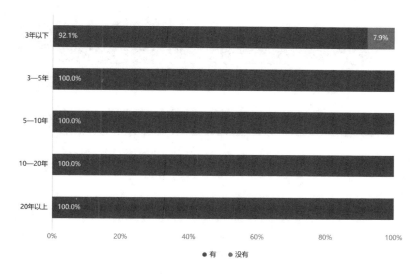

图2-1-7　不同教龄教师引导学生关注艺术审美和生活情趣的情况

（问卷汇总截图）

（5）纸艺和木工课程在不同学段都呈现了高比例的渗透教学，初中为纸艺、木工和绳结。

通过调查，发现纸艺课程的艺术审美渗透教学在不同教龄分别是3年以下65.1%、3～5年48.0%、5～10年75.0%、10～20年52.2%、20年以上33.3%（图2-1-9），纸艺课程的艺术审美渗透教学在不同学段分别是四年级是67.4%、五年级57.1%、六年级78.1%、七年级43.3%、八年级40.0%、高一57.1%、高二1.8%（图2-1-10）。分析数据，课题组发现纸艺和木工课程在不同学段都呈现了高比例的渗透教学，初中为纸艺、木工和绳结。

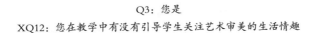

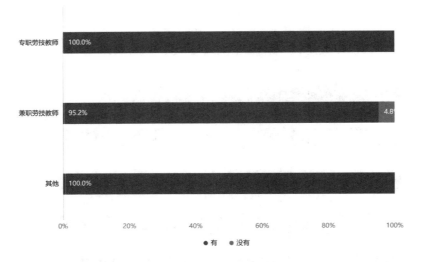

图2-1-8 专、兼职教师引导学生关注艺术审美和生活情趣的情况

（问卷汇总截图）

（6）在劳技学科中渗透艺术审美的功能分析上，年轻教师注重激发学生兴趣，老教师注重联系实际、学以致用，关注美好生活和生活品质在不同数据交叉分析中都具有高比例。

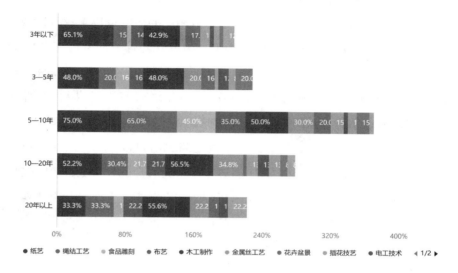

图2-1-9　不同教龄教师在教学中渗透艺术审美的现状

（问卷汇总截图）

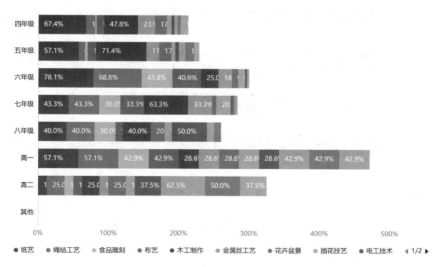

图2-1-10　不同年级教学内容中渗透艺术审美的教学的现状

（问卷汇总截图）

通过调查，发现在劳技学科中渗透艺术审美的功能分析上，3年以下和3～5年教龄教师在激发学生兴趣上的比例是28.6%和28.0%，10～20年和20年以上教龄教师注重联系实际、学以致用上的比例是17.4%和11.1%；3年以下、3～5年、5～10年、10～20年、20年以上教龄的教师在关注美好生活和生活品质上的比例是34.9%、24.0%、30.0%、43.5%、44.4%，不同年级在该选项上的比例是四年级是37%、五年级32.1%、六年级37.5%、七年级36.7%、八年级40.0%、高一14.3%、高二25.0%。（图2-1-11、图2-1-12）专兼职教师在该选项上的比例是34.3%和34.6%。（图2-1-13）分析数据，我们发现在劳技学科中渗透艺术审美的功能分析上，年轻教师注重激发学生兴趣，老教师注重联系实际、学以致用，关注美好生活和生活品质在不同数据交叉分析中都具有高比例。

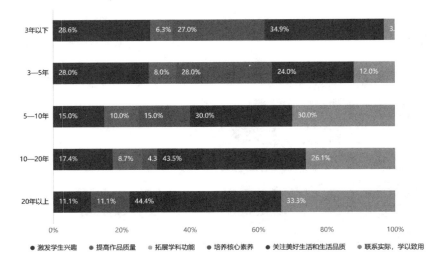

图2-1-11　不同教龄教师对渗透艺术审美的功能分析（问卷汇总截图）

Q5：您主要负责哪个年级劳技学科的教学工作
XQ14：您认为在教学中渗透艺术审美的最主要的作用是

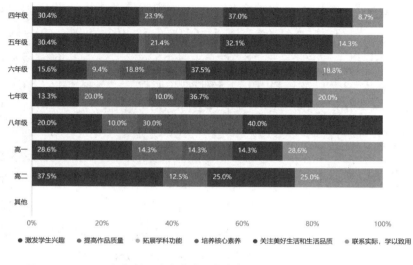

图2-1-12 不同年级教学内容中渗透艺术审美的功能分析（问卷汇总截图）

Q3：您是：
XQ14：您认为在教学中渗透艺术审美的最主要的作用是

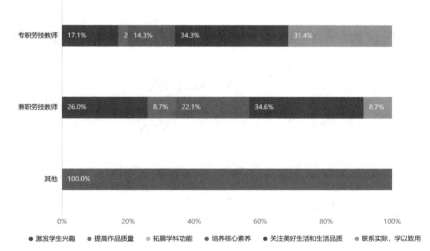

图2-1-13 专、兼职教师在教学环节中渗透艺术审美情况（问卷汇总截图）

（7）导入、评价和拓展环节成为劳技学科教学中渗透艺术审美的重点。

通过调查，发现不同教龄教师学科教学中渗透艺术审美的比例分别是，导入环节：3年以下41.3%、3～5年64.0%、5～10年70.0%、10～20年73.9%、20年以上77.8%；评价环节：3年以下52.4%、3～5年56%、5～10年65.0%、10～20年65.2%、20年以上44.4%；拓展环节：3年以下39.7%、3～5年36.0%、5～10年55.0%、10～20年43.5%、20年以上66.7%。（图2-1-14）不同学段教师学科教学中渗透艺术审美的比例分别是，导入环节：四年级是47.8%、五年级53.6%、六年级68.8%、七年级56.7%、八年级60.0%、高一85.7%、高二100%；评价环节：四年级是65.2%、五年级58.9%、六年级65.6%、七年级50.0%、八年级60.0%、高一42.9%、高二50.0%；拓展环节：四年级是45.6%、五年级50.0%、六年级50.0%、七年级40.0%、八年级30.0%、高一28.6%、高二50.0%。（图2-1-15）分析数据，导入、评价和拓展环节成为劳技学科教学中渗透艺术审美的重点。

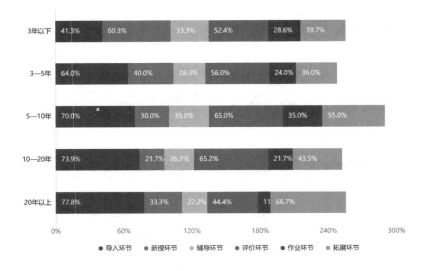

图2-1-14　不同教龄教师学科教学渗透艺术审美情况（问卷汇总截图）

Q5：您主要负责哪个年级劳技学科的教学工作
XQ15：您在教学中渗透艺术审美主要在哪个环节

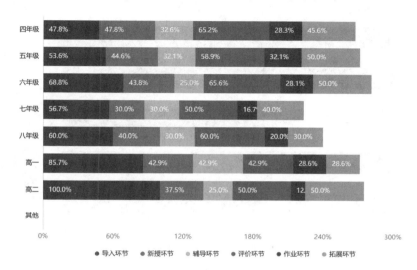

图2-1-15　不同学段教师在教学各环节中渗透艺术审美的情况（问卷汇总截图）

（8）作品和图片是劳技教师渗透艺术审美的主要方式。

通过调查，发现不同教龄教师学科教学中渗透艺术审美方式的比例分别是，作品：3年以下30.2%、3～5年32.0%、5～10年60.0%、10～20年34.8%、20年以上44.4%；图片：3年以下33.3%、3～5年32.0%、5～10年15.0%、10～20年43.5%、20年以上33.3%。（图2-1-16）不同学段教师学科教学中渗透艺术审美方式的比例分别是，作品：四年级是43.5%、五年级33.9%、六年级40.6%、七年级40.0%、八年级30.0%、高一28.6%、高二50.0%；图片：四年级是28.3%、五年级28.6%、六年级25.0%、七年级33.3%、八年级40.0%、高一42.9%、高二50.0%。（图2-1-17）图片形式渗透艺术审美的认同度分别是男性教师33.3%，女性教师31.5%。（图2-1-18）分析数据，我们发现，作品和图片是劳技教师渗透艺术审美的主要方式。

Q2：您从事劳技学科教学的教龄

XQ16：您在教学中渗透艺术审美主要采用哪种方式

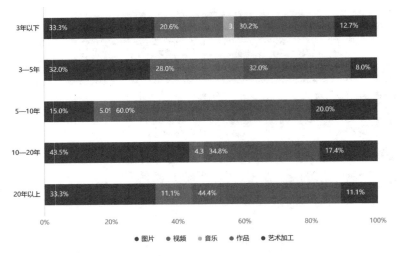

图2-1-16　不同教龄教师采用渗透艺术审美形式的情况（问卷汇总截图）

Q5：您主要负责哪个年级劳技学科的教学工作

XQ16：您在教学中渗透艺术审美主要采用哪种方式

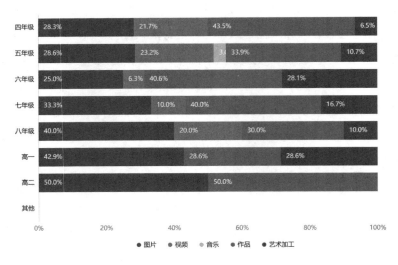

图2-1-17　不同学段教师教学中采用渗透艺术审美形式的情况（问卷汇总截图）

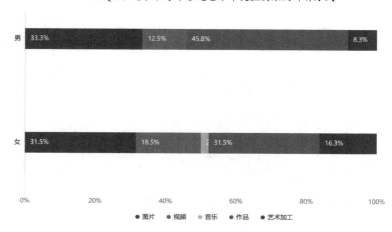

图2-1-18　男女教师采用渗透艺术审美形式的概况（问卷汇总截图）

（9）在劳技学科教学中渗透艺术审美的主要问题是没有资源。

通过调查，发现有55.6%3年以下教龄的教师认为渗透艺术审美的主要问题是没有资源，有48.0% 3～5年以下教龄的教师认为渗透艺术审美的主要问题是没有资源，有66.7%20年以上教龄的教师认为渗透艺术审美的主要问题是没有资源；（图2-1-19）这一问题在不同学段的比例是四年级是56.5%、五年级57.1%、六年级50.0%、七年级36.7%、八年级50.0%、高一42.9%、高二37.5%；（图2-1-20）分析数据，课题组认为在劳技学科教学中渗透艺术审美的主要问题是没有资源。

（10）绝大多数教师在教学中渗透艺术审美需要帮助。

通过调查，发现3年以下教龄的教师需要帮助占41.3%，很需要帮助占52.4%；3～5年教龄教师需要帮助占40.0%，很需要帮助占56.0%；5～10年教龄教师需要帮助占45.0%，很需要帮助占50.0%；10～20年教龄的教师需要帮助占52.2%，很需要帮助占43.5%；20年以上教龄的教师需要帮助占77.8%，很需要帮助占22.2%。（图2-1-21）在对不同学段教师进行交叉分析时，出现了类似情况。分析数据，我们得出绝大多数教师在教学中渗透艺术审美需要帮助。（图2-1-22）

Q2：您从事劳技学科教学的教龄

XQ17：您在教学中渗透艺术审美存在的主要问题是

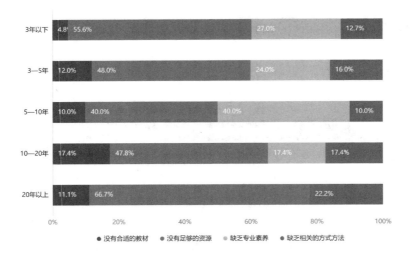

图2-1-19　不同教龄教师在渗透艺术审美方面的资源需求问题（问卷汇总截图）

Q5：您主要负责哪个年级劳技学科的教学工作

XQ17：您在教学中渗透艺术审美存在的主要问题是

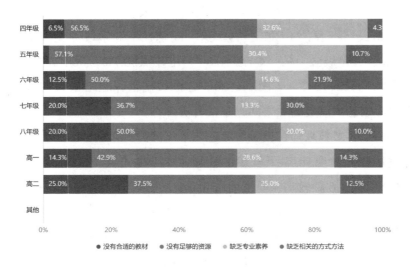

图2-1-20　不同年级教师在渗透艺术审美方面的资源需求问题（问卷汇总截图）

Q2：您从事劳技学科教学的教龄

XQ18：在教学中渗透艺术审美，您是否需要帮助

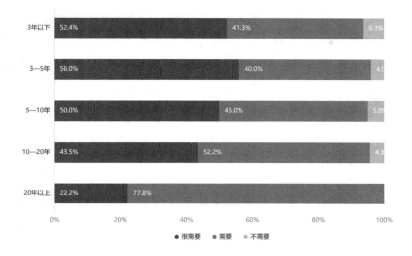

图2-1-21 不同教龄教师在渗透艺术审美的需求现状（问卷汇总截图）

Q5：您主要负责哪个年级劳技学科的教学工作

XQ18：在教学中渗透艺术审美，您是否需要帮助

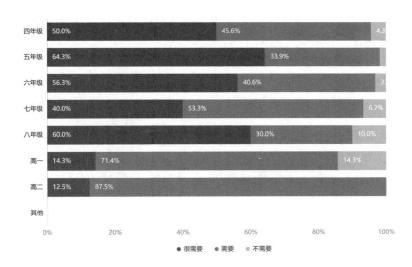

图2-1-22 不同年级教师在渗透艺术审美的需求现状（问卷汇总截图）

（备注：以上问卷截图为后补，与最初研究数据略有误差。）

综上所述，通过问卷调查，我们认识到初中阶段的劳动技术课程尚以通用教材为主，自主研发的校本课程不多，但是教师对初中阶段劳动技术课程中的纸艺、绳结、食品雕刻和木工四个课程在艺术审美渗透上具有高认同；绝大多数教师都在教学中引导学生关注艺术审美和生活情趣，学生参与相关课程的积极性很高；在劳技学科教学中渗透艺术审美的主要问题是没有课程资源。问卷调查数据统计也真实反映了上海市闵行区初中劳动技术课程的现状，为课题研究提供了着力点。通过开展前期调查与分析，为本课题的研究与实施奠定了扎实的事实基础，拓宽了研究思路，为课题的顺利开展提供了有力的保证。

（二）初中劳动技术学科教材与艺术审美相关教学内容的挖掘与拓展

根据调查所得，上海市闵行区初中劳动技术中已经渗透艺术审美的只有纸艺、木艺和绳结工艺三门课程，对此课题组分别对6年级、7年级和8年级不同学段进行了三次区级教研活动，梳理课程，发掘教学内容，形成了以6年级为主的纸艺、绳结工艺、食品雕刻和艺术壁挂四个课程，以7年级为主的木工工艺、金属丝工艺、花卉盆栽和插画四个课程，以8年级为主的电工技术和电子技术两个课程，共计10个课程，并形成了六年级注重多元审美感知渗透、七年级注重艺术审美的项目体验和八年级注重体现技术之美的课程体系，具体如图2-1-23所示：

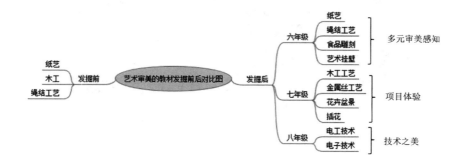

图2-1-23　初中劳技学科与艺术审美内容课程体系思维导图

1. 六年级教材内容的挖掘与拓展

（1）纸艺——装饰花。

装饰花的造型与特点，包括作品造型、框架造型、插花造型，主要用于美化橱窗、墙面和桌面，教材注重设计、材料、工具及加工技能的学习，这部分内容从教材例举的样例来看，体现了构图、色彩、情趣、文化内涵、寓意、意境等诸多艺术审美元素，在教学设计中可以进一步挖掘艺术审美视角下的技术方法教学，注重实物作品的设计与制作的精美呈现，挖掘其艺术观赏价值，进一步丰富和充实教材内容。

（2）绳结工艺——饰结。

绳结文化，是中华民族的宝贵文化遗产，具有优美的造型和丰富的色彩，能够体现中华民族的精神内涵。教材对绳结的造型、用途、文化底蕴、艺术造型设计、加工技能等方面都有介绍，其中蕴含着艺术审美情趣的熏陶。教学中，可以引导学生在造型设计上更关注色彩搭配、造型完整、寓意丰富、作品精美等，并在导向上加以深入发掘和实践拓展。

（3）食品雕刻——菜肴盆式。

"食品雕刻起源于中国，早在一千年前的宋朝就有诗作赞扬州的瓜雕："君不见练川朱生称绝能，昆刀善刻琅玕青，仙翁对弈辨毫发，美人徙倚何娉婷。石壁巉岩入烟雾，涧水松风似可听……"食品雕刻作品精美的刻工与立意的新奇在诗中得到淋漓尽致的表现。食品雕刻是将烹饪原料雕刻成各种动植物、人物、花卉、风光建筑等各种图案与形态来美化菜肴装点宴席的一种美术技艺。教材主要指导了运用切、削、刻、旋、戳五种基本刀法以及盆饰雕品的布局方式，将雕品在菜肴的盛器上进行装饰点缀，从而来美化菜肴、装饰宴席。菜肴盆饰通常以菜肴为主体，沿菜盆边缘或中央排放雕品，它既是一种烹饪技术，又是一门具有独特风格的艺术。经过慧心巧手精雕细刻、艺术化处理后的菜肴使人赏悦目，食欲倍增。

（4）艺术壁挂的设计与制作。

艺术壁挂，即挂在墙壁上的一种装饰物，是体现现代装饰的造型、色彩，并与现代建筑紧密结合的一种艺术表现形式。现代壁挂艺术，以各种综合材料为原料，采用不同的制作方法技术，来表达现代设计观念和思想情感。壁挂作为装饰艺术一种外在的表现形式，较能激发学生潜在的创造意识和艺术个性，并能提高学生对装饰艺术整体设计能力和对形态空间认识、材料语言的感悟，以及壁挂艺术造型的表现力。

通过本课程学习，要求学生了解装饰艺术的特点和规律以及现代壁挂艺术的设计思想、形式语言、艺术风格，具备一定的装饰表现能力，并掌握2～3种壁挂制作的基本方法与技巧，从而达到装饰艺术造型美、色彩美、材料美和结构美。教学中，可以引导学生在造型设计的基础上，关注与环境的整体协调，色彩搭配等以及加强对艺术表现手法和表现形式进行发掘和实践拓展。

2.七年级教材内容的挖掘与拓展

（1）木工工艺。

木工工艺在制作上对艺术审美的要求体现在每一个制作步骤上，从设计、制作、装饰等方面都需要以美来衡量技术，比如在设计上要美观实用；在技法上锯割的线型要规范，砂磨的边缘要光滑，胶合的胶水要适量，不能弄污工件表面；等等，都是对审美的需求。在作品的艺术美化和装饰上，更是审美需求和个性化体现。

在木艺文化中，还可以介绍根雕、木质建筑等历史、艺术文化；介绍木质材料的种类、颜色、软硬度，适合制作哪些作品等；在木质作品设计上，可以制作具有榫卯结构的木梯以及具有艺术审美造型的木质宝剑等作品，拓展木艺的艺术空间。

（2）金属丝工艺。

金属丝的工艺在激趣和文化熏陶上，可以从景泰蓝、铁画、金属丝工艺作品等入手，将金属丝工艺之美带给学生，再从金属丝的颜色、种类、简单造型设计、连接方法、弯折技法等方面渗透美学技艺。比如，金属丝在美化装饰上，因其种类繁多而有很好的装饰效果，多数金属丝以不同的性质，为作品带来不同的装饰效果。常见的装饰性金属丝种类较多，如彩色铝丝、卷轴铁丝、铜丝等，分别以不同的柔韧、色彩等特性在不同的作品中有着不同的表达。

（3）花卉盆景技术——水仙盆景的设计与制作。

水仙花是多年生草本植物，在中国已有一千多年的栽培历史，是中国的十大名花之一，深受人们的喜爱。因此，从一千多年前开始，人们为了让水仙花更好地点缀人们的生活，能工巧匠们创作出了大量的水仙盆景雕刻艺术，更使水仙花婀娜多姿，魅力无限。教材中《花卉盆景技术——水仙盆景的设计与制作》这一单元的教学内容针对水仙品种和水仙鳞茎的构造特征、习性，以及造型原理和常见的几种造型进行了介绍，并针对蟹爪水仙的雕刻进行了指导，学生通过观察、学习、设计，雕刻出造型优美，形神各异的水仙花作品以此来美化生活。

（4）插花技艺——插花作品的设计与制作。

插花技艺不仅可以给人们带来美的享受，同时各种插花作品所展示的丰富内涵能美化、净化人的心灵，陶冶人的情操，起到修身养性、增进友谊和传递信息的作用。插花源于民间，但作为一门艺术，又有别于民间随心所欲的插作。插花是表现花卉与自然美的一门造型艺术。

本课程的学习主要让学生掌握：认识基本的花材种类与特性；学会插花的基本步骤及简单技法；通过插花让学生体验劳动的乐趣；通过点评提高学生的审美能力。本课程的特色：理论与实践相结合，注重动手能力的培养。在理论的基础上加强技能操作的培养，指导学生进行插花实际操作训练；模仿与创新相结合，体现以能力为重点，在模仿的基础上，注重培养学生的创新能力；通过花艺交流的学习，提升动手能力、提高插花艺术鉴赏力，每一位学生都可以通过自己创造性的学习为美化生活出彩。

插花是一门艺术，艺术就需要创造。因此学好插花，就必须不断地丰富和提高自己的文化艺术修养，使作品具有传情、动情、充满诗情画意的意境美和精神美。

3. 八年级教材内容的挖掘与拓展

（1）电工技术项目。

电工技术项目中，最基本的组成电工作品莫过于导线布设，导线的设计和生产中体现了安全性和外观美。常用导线有单芯硬铜导线，颜色通常有红色、蓝色和黄绿双色，可以说色彩丰富，彰显色彩美。护套线就是以前用的电源线，以前家庭装修，都用护套线作为照明和电源线，它可以直接埋设在墙内或是固定在墙上。护套线的好处在于可以省去穿线管或者穿线槽，由外边的一层护套绝缘代替，敷设方便，快捷，外观好看，使用安全。

"导线连接"是基本功，通常两根单芯硬铜导线连接时，要求既牢固又美观。除了会使用剥线钳在两段导线一端各剥削6～8厘米金属导线，相互绞绕则体现了技术操作的规范和艰辛。适当大小的力和匹配的尖嘴钳使用完美呈现艺术造型，一旦加工成密绕的造型，定会爱不释手。当然事物是在不断变化和发展的，随着接线器诞生，现在家庭照明电路中"导线连接"变得越来越简洁、美观和安全。

（2）电子技术项目。

八年级教材对焊接技法有明确要求。比如，焊接中焊点要求锡层均匀、光亮、无毛刺，焊锡用量要适中，如果锡太少则焊接不牢靠，如果焊锡用量太多，既浪费又不美观，还易短路，所以焊点的美观直接体现了焊接技术的精良与否。

另外，在八年级实验器材中，"SK8电子实验箱"的规范使用，学生每次打开实验箱时，都能看到导线摆放整齐、元器件按位置整齐摆放、用好后都归放到原位，这种器材的整齐摆放也是一种美，也是培养学生做事有条理这样一种好的劳动习惯。教学中，只要打开箱子，就让学生体会到一种规范、整齐、秩序井然的美。每个学生在实践中，能够认真使用和整理多孔板上元器件，整理塑料盒中A、B型导线，给塑料盒中电阻按照规格分类并贴上标签等，把箱子和塑料盒内物品整理得井井有条。

（三）艺术审美视角下的劳技学科教学策略与典型实施案例分析

在教学中渗透艺术审美方面的学习，主要是挖掘教材中合适的教学内容，并适当拓展和延伸。有了艺术审美视角的教学导向，可以关注如何把技术美、艺术美通过教学形式传递给学生，教师要如何进行教学环节设计，如何指导学生发现美、感知美、体悟美，并把技术规范运用到实践操作中，再通过作品呈现出来。所以在教学策略方面，主要体现在教学设计、教学方法、活动设计和作业设计等几方面的深入挖掘，有意识地进行艺术审美方面的引导和渗透。下面通过几个具体的教学实例进行分析。

1.教学设计应用的典型案例

教学设计是一节课在教学实施上成功与否的关键前提，如何把一节技术相对单一又有点枯燥的课通过教学环节、活动设计来激发学生学习的兴趣和主动性，特别是激发学生对精湛技术和审美情趣的追求，是教师教学智慧的具体体现。在《一朵"削"出来的玫瑰花》一课中，就是通过一朵"美丽玫瑰花"的制作来完成"削"的技术学习，同时也完成了"削"的技术评价。

【教学案例】

一朵"削"出来的玫瑰花

马克思说过："社会的进步是人类追求美的结晶，人也是按照美的规律来塑造自己。"现如今，人们对生活品质的要求越来越高，在广泛领域里追寻"美"的事物，往往也会从艺术审美的角度去评价事物，从而提高自己的精神境界和审美能力。本节课是上海科教版六年级劳动技术第三单元食品雕刻中的内容。教学重点是学会"削"的技术，教学设计以制作一朵"玫瑰花"盆饰为载体，用漂亮的雕品来美化菜肴，用技艺点缀生活，把学生直接带入美的视觉体验。通过一系列的实践活动，在培养学生的创意思维和技术素养的同时提高学生的审美情趣及艺术修养。

学生在削皮的操作上往往感到单调和枯燥，有为难情绪。教学设计以制作玫瑰花盆饰为载体，让学生眼前一亮，强烈地激发了学生学习的兴趣和尝试的欲望，学生学习的专注度提高了，课堂教学目标达成率约占93%。有同学说："我之前不爱削皮，太麻烦了，但是看到最后还能用果皮做玫瑰花，我也想试试看，没想到我真的成功了。"蔬果皮玫瑰花激发了学生学习的兴趣，使学生直观地感受到美化后的菜肴赏心悦目，食欲倍增。同时也潜移默化地引导学生要发现美、寻找美、创造美、享受美，"美"可以无处不在，一切美好的事物都是通过动脑动手创造出来的，"美"改变了人们的生活，提高了人们的生活品质，提升了人们的幸福感。

【教学目标】

知识与技能：

1.学生初步掌握削的操作方法。

2.学生学会利用蔬果皮制作玫瑰花的方法。

过程与方法：

1.通过学生主动探究了解玫瑰花盆饰制作的方法。

2.通过自主学习发现问题，并找到解决问题的方法。

3.学生动手实践，体验操作技能。

情感态度价值观：

通过实践活动，学生体验劳动的乐趣，树立正确的劳动价值观；用技艺点缀生活，增强开拓创新、节约能源、变废为宝的意识。

【教学重点】削的操作方法。

【教学难点】削下的蔬果皮薄、连续且果体光滑。

【教学过程】

【片段一 创设情境】

1.玫瑰花盆饰实物展示。

2.问题导入：老师这里有一盘菜，放上一朵"玫瑰花"，与之前相比有什么不同？

学生仔细观察，然后回答

说明："中国菜非常强调色、香、味俱佳。色：指菜肴的颜色，是原料本色与作料颜色的有机搭配，以求达到较佳的视觉效果。"老师拿出一盘家常菜"香菇炒青菜"，颜色为黑加绿，普通不能再普通了，这时放上一朵西红柿雕刻的"玫瑰花"来点缀，在颜色与作品的造型上都让学生直观地感受到了盆饰的作用，激发学生探究与学习的兴趣。

【片段二　探究活动】

1.提问：请说出使用的原料及它的制作方法和流程。

2.要点：果皮玫瑰花盆饰——先将苹果削皮，再用卷的方法来制作成花。

说明：原本要丢掉的蔬果皮经过创意与艺术的结合，用卷的方法可以做成"玫瑰花"造型，激发学生对美的追求，提高审美素质和创造美的能力。

【片段三　新授：削的技法】

1.交流"初体验之实践报告"。

2.评价标准：皮要薄、连续、果体平整、光滑。

3.控制进刀的力度、角度与坯体表面光滑度。技术难点：削的方法（播放视频）

说明：学生要想制作一朵漂亮的"玫瑰花"，首先在选材上就有要求，想要花朵的花瓣层次丰富，选材要选个头较大并硬实的苹果；其次，削的皮要做到连续、完整，这就促使学生在削的过程中掌握技术要领，做到力度均匀，控制速度，左右手配合好，运刀角度及时改变，使刀不得滑出坯料；最后，我们还要观察削好的果体是否平整光滑。这都要求学生在制作过程中追求品质，做出来的作品才能美观，具有观赏性。

【片段四　动手实践】

任务设置：

任务一：尝试削蔬果皮。（强调安全问题）　西红柿 ☆☆☆ 苹果 ☆☆☆☆

任务二：变废为宝，用削好的蔬果皮创意制作，完成盆饰。
☆☆☆☆☆

说明：技能体验尝试制作与修正。在制作过程中要将操作的规范、使用工具的规范、安全的规范、环境整洁的保持等落实到每个环节中，体现规范意识与规范艺术，提高学生的综合能力。

【片段五　展示交流】

作品展示，互评、修正。引导学生互帮互助，完成自评互评。

说明：作品展示时，学生从知识与技能、作品质量、审美评价等不同方面进行评价。

【片段六　课堂小结】

引导学生总结并交流课堂收获。

1.削的技术及操作方法。

2.盆饰花的制作。

3.善于观察生活、用技艺点缀生活。

说明：明确学习体验和技能体验的意义，感受盆饰不仅起到了美化菜肴的作用，它还以独特的造型赋予其新的意境。本节课以创设情境引入，从没有盆饰的点缀到放上一朵"玫瑰花"，使学生直观地感受到盆饰的作用与意义。

教师在教学过程中除了要落实基本知识与技能，更要多角度、多层次进行教学设计，以艺术教育为主要途径及主要内容，这不仅可以激发学生学习兴趣，大大提高达成率，还可以满足学生的艺术审美需求，渗透美育教育。

七宝实验中学　刘琳琳

点评：本节课在教学情境设计上，以真实的生活情境，又极具美感的实物样例加以导入，充分激发了学生的学习兴趣，使学生明确即将完成的任务是"削"一朵漂亮的"玫瑰花"；在探究活动中，引导学生发现"玫瑰花"原来是西红柿皮制作的，进而给出了"削"的技法的学习与实践——只有规范操作，才能做到果皮薄而均匀，才能制作出玫瑰花，同时作品的评价要求也基本上加以明确。于是，学生在进行"削"的技术实践中，不再是单纯技术的学习，而是为呈现艺术美的"果皮花"而进行安全、规范、耐心、细致的技术实践；在"玫瑰花"基本制作出来后，又在其实用性上进一步加以美的延伸，即增加菜肴盆饰的美感，从而使食物既充满美的艺术气息，又增添美食的诱惑。

从教学环节设计上看，逻辑性强，美的渗透一气呵成，学生在学习实践中，对明确"美"的任务、规范技法、"美"的作品呈现及"美"的应用、"美"的评价都能很好地贯穿整节课，学习效果好，目标达成度高。

2. 教学方法应用的典型案例

教学方法对于技法教学同样重要，因为教学方法可以引导学生关注作品的精致、帮助学生实现技法的精炼，从而完成具有一定艺术审美及观赏性的作品。同时，利用绳结传统文化的熏陶，让学生进一步体会艺术效果和美。

【教学案例】

花样盘长结

盘长结教学内容是九年义务教育课本（上海科技教育出版社）劳动技术六年级第2单元《绳结工艺——饰结》中"加工技能"训练的"钉板加工"项目。本项目内容主要是通过两回（4排）盘长结编制，初步掌握钉板加工绳结的方法，同时掌握基本结——盘长结的编制方法及其变化。盘长结的编织主要是通过模仿而学会，掌握中华民族优秀的传统技艺，从而传承和弘扬中国特色传统文化。

本节课是盘长结的第三个教学课时——调绳定型，盘长结绳耳富于变化，课堂采用探究合作的教学模式，在完成编织的盘长结基础上，辨识绳肘绳耳，理顺绳的走向，采用不同的方式（按照自己的喜好，这样大大地激发了学生学习兴趣）调绳定型。在这一实践过程中不同的留耳方式的尝试潜移默化地引导了学生寻找美、创造美，培养了学生的创新思维和精益求精的劳动品质和态度。

【教学目标】

1.在完成盘长结编织的基础上，尝试使用不同的整形方法对盘长结进行调绳定型，探索创新的时代精神，建立精益求精的劳动品质。

2.通过平心静气地调绳，陶冶性情，感悟中华民族优秀传统技艺的精巧，感受传承的劳动愉悦，理解和形成认真负责的劳动态度。

3.展示交流评价成品，了解绳结的寓意，认识中国古代工艺文化及其内在的历史蕴涵、民族情感和艺术生命力，增强民族自豪感和凝聚力。

【教学重点】辨识绳肘绳耳，理顺绳的方向。

【教学难点】不同调制盘长结造型的方法。

【教学过程】

一、引入

创设情境

1.展示不同造型的盘长结。

2.问题导入：你喜欢哪一种造型？你想调制出来吗？

观察，直观感受盘长结造型的美观、多样，激发兴趣，引出课题。

二、教师讲授

辨识绳肘绳耳，认清绳的走向，学会理绳。

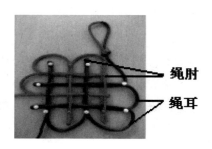

1.要诀：顺走向，调肘耳；紧绳肘，留绳耳。

2.心态：胆大（敢于尝试不同方法）心细，心平气和。

3.技术要难点：平压结心，平均用力，向结心拉紧绳肘，向外拉紧绳耳。播放自制视频辅助理解、指导。

三、动手实践

认真观察、体会视频和教师讲解内容，尝试按照自己喜欢的造型自主或合作调制盘长结。

绳结是三分编，七分调，让学生通过不同的调绳定型方法的实践比较，体验到技术工艺创新可提高工作效率，增加审美广度，激发探索创新"我还有没有别的调法"，从而使传统技艺得到进一步发扬。

在该阶段教师巡视。

1. 提醒学生小心使用珠针，注意安全。

2. 巡视指导，解难答疑，及时指出学生中普遍存在的问题并进行纠正，个别辅导操作有困难的学生，如示范、手把手教等，培养学生耐心细致、不急不躁的劳动品质。

四、交流展示与评价

1.交流、评价

组织学生按照走绳顺畅均匀，结身松紧适宜，造型对称美观等质量要求对同学做的盘长结进行检验和评价，对做得好的作品和学生进行表扬。

2.作品展示与欣赏

交流是技术活动学习相互长进的有效形式，评价是对劳动过程、成果的尊重和肯定，通过交流和评价可改善修正操作技术，提高劳动技能。对优秀的作品进行展示，对学生是一种激励，同时能让学生直观感受到技艺美化生活，体验到劳动的愉悦，领悟劳动的意义。

五、拓展与延伸

1.展示一些中国节日、婚嫁寿喜场景装饰的图片视频影像等，认识绳结在生活中的应用。

2.让学生搜集一些有关绳结的诗词、传说、故事，了解中国结的寓意。

盘长结造型美观，寓意深远，是中国结的最突出代表。本节课对绳色彩的选择，绳耳大小、长短和形状的确定，绳耳对称、间隔，还是环套环的布局都是最基本直观的创造美的过程。调制成的盘长结造型多样，艳丽美观，富于装饰，结合绳结在生活中的应用，体会它强烈的文化信仰和浓郁的节庆色彩，是中国人表达喜庆、美好愿景的形式和载体。同时通过搜集和整理，了解中国结的寓意，感受中国传统技艺的魅力，让学生体验到中国古代工艺文化及其内在的历史蕴涵、民族情感和艺术生命力，提升民族自豪感和凝聚力，从外到内感受美。

华东师范大学第二附属中学附属初级中学　罗瑞华

点评：本节课的艺术审美渗透主要体现在美感丰富的作品样例导出环节和技法学习、实践、调整的操作环节，特别是在技法实践中，采用中国结钉板辅助的方法，对绳的走向、绳耳的大小、流畅形状、拉紧的程度都做了技术要求，从而保证绳结的均匀与美观，再结合中国传统文化的寓意和中国结的用途，把节日的优美环境、美好氛围、美好的情谊与祝福都蕴含其中，升华了中国结的审美寓意，让学生在技术操作的劳动过程中，懂得感知美的事物，代表美好的含义，增添向往美好生活的心灵情感，体会劳动创造美好生活的价值。

3. 学习活动设计应用的典型案例

劳动技术学科的教学不仅在课堂，还可以与校园活动相结合，以校园主题活动为载体，在活动设计中进行学科"技艺展示"，即所学的劳动技术技能的实际应用和艺术审美的实际呈现。例如，陶艺课程，是劳技学科教学的一项拓展内容，也是学校的校本课程，教师将陶艺的学习和实践应用与校园环境布置结合起来，激发了学生的积极性和创作热情，从搜集资料、设计、制作与实施，再到评价与成功体验，都很好地诠释了艺术审美在劳技学科教学中的实际应用。

【教学案例】

我为紫藤架添精彩——陶艺壁挂花插的制作

本节课是上海科教版六年级劳动技术艺术壁挂中的内容。艺术壁挂的形式多种多样，我就结合我校陶艺特色进行制作陶艺壁挂花插教学。

本节课以探究教学模式为主，采用小组自主观察探究的形式归纳出壁挂的制作方法。通过自主学习、尝试体验和提出技术活动过程中出现的问题，师生讨论、分析，找出解决问题的方法，从而突破难点，达成目标。通过设置一系列实践活动，让学生自主发现，自主创新，把自主性贯穿在整个教学中，充分体现"以学生发展为本"的教学理念。

本节课以制作陶艺壁挂花插为载体，用精美的学生作品装饰点缀校园。就是要让学生把在课堂上学到的知识运用到生活中去，把知识与生活实践相结合，体会到劳动创造美，创造价值带来的愉悦感，从而激发学生对劳技课程的热爱，从心底真正认识到劳动的价值和意义，从小就培养起学以致用，热爱劳动，勤于思考的好习惯，为以后走向社会打下坚实的动手能力和实践基础。

劳技课程标准中提出"劳动技术学科以提高技术素养为目标，关注学生终身发展；以丰富技术学习的方式和内容为手段，促进学生对技术的理解；以激发技术学习的兴趣为引导，开发学生的创造潜能；以解决实际技术问题为途径，培养学生的综合实践能力"。作为教师的我们要结合这一理念不断地探索改进，认真思考学科核心素养的内涵，并不断用自己的实践来表达对这种思考的理解。

【教学目标】

知识与技能：能够运用泥板成型的方法制作壁挂，并运用已经学习过的压、挖、刻、粘贴等方法对壁挂进行装饰。

过程方法：以自主探究和小组合作的形式了解壁挂的制作方法，发展学生的立体造型能力和审美能力。

情感态度与价值观：通过实践活动，学生体验劳动的乐趣，体验劳动创造"美"，树立正确的劳动价值观；用技艺点缀、美化生活，增强创新意识。

【教学重点】壁挂的制作方法。

【教学难点】制作创意美观的壁挂。

【教学过程】

一、创设情境，引出课题

1.展示校园紫藤架的图片

一年四季，紫藤架下都充满了欢声笑语，这里已经是我校师生午休和课间活动的主要场所。可惜的是紫藤架的支柱光秃秃的，一点也不美观。

提出问题：我们可以在陶艺课上动手做点什么，为紫藤架增添精彩？

2.学生讨论发言，引出课题"陶艺壁挂花插的制作"。

二、探究壁挂的成型方法

1.展示已有的陶艺壁挂。提问：根据你们的陶艺制作经验，这件陶艺壁挂花插是用什么方法制成的？

生：采用了泥板成型法

提出问题：那么它的制作步骤又是怎样的？老师这里有一些打乱的制作步骤，请小组讨论，并将步骤正确排列。

（引导学生自主探究制作步骤，了解壁挂花插的制作流程。）

2.学生展示小组讨论成果。

3.教师小结并板书：

（1）将陶泥擀制泥板。

（2）分成一大一小两块（大的泥板用来做壁挂的底板，小的泥板做壁挂的上面拱面）。

（3）切割花盆形状（小块泥片）。

（4）将泥片拱起，并粘贴（泥片拱起后可以塞上报纸，以固定成型。并强调：放置上去以前要用泥浆水涂抹于底板上，再用手捏接粘牢）。

（5）调整背景泥板形状。

（6）装饰。

三、壁挂的装饰

1.提问：如何装饰你们的陶艺壁挂花插？先来欣赏陶艺壁挂作品，观察它们都使用了哪些装饰手法？

2.生交流，师小结：纹理压印、点线面装饰、卡通形象、字母组合……

3.这些方法我们都会，但是怎样让壁挂作品与众不同呢？

4.生发言，师小结：结合小组队名进行有主题的创作。

（自主学习、尝试体验，培养学生发现问题、解决问题的能力，突破技术重难点）

四、实践与指导

1.教师示范制作过程。

2.出示制作要求：小组合作完成陶艺壁挂花插，作品精致有创意。

3.学生创作，教师辅导。

五、展示交流

1.学生作品展示，互评、修正。

2.引导学生互帮互助，完成自评互评。

六、课堂小结

1.引导学生总结并交流课堂收获。

2.明确学习体验和技能体验的意义。

上海康城实验学校　顾婉芝

点评：本节课结合学校陶艺课程，将美化校园的学习活动从设计、制作到应用展示都进行了实践体验类的活动设计。依据校园紫藤架的实物载体，引导学生全方位配合紫藤架的美观装饰，聚焦到陶艺壁挂的设计与制作。从活动设计上看，紫藤架的装饰本身就是一种美的设计，学生要通过实地勘察、测量进行造型设计，包括风格、纹理、点缀装饰及选配植物搭配，是一项体现综合性审美的大单元活动设计，活动的场地是教室、陶艺工作室和校园，引导学生关注校园的整体美、紫藤架的局部美、陶艺壁挂的技术美、艺术美和植物花卉的生命美，将艺术审美的培育贯穿课堂始终，趣味性足，设计感强，技艺要求高，是很值得借鉴的。

4. 作业设计应用的典型案例

作业设计可以通过任务驱动、项目驱动、技术训练等方式完成，教师在作业设计和作业要求中直接渗透艺术审美的技术要求和评价要求，使学生在作业制作和任务完成的过程中，始终保持着在艺术审美的视角下对技术严谨规范的执着追求，从而深化技术实践的更高目标要求，为课程的深入实施提供了有效途径。

【教学案例】

金属丝创意作品制作

作业设计可以通过任务驱动、项目驱动、技术训练等方式完成，教师在作业设计和作业要求中直接渗透艺术审美的技术要求和评价要求，使学生在作业制作和任务完成的过程中，始终保持着在艺术审美的视角下对技术严谨规范的执着追求，从而深化技术实践的更高目标要求，为课程的深入实施提供了有效途径。

一、设计思路

"金属丝创意作品制作"是金属制品单元的习作课程。通过本单元前面的学习，学生已经学习了金属丝弯、折、绕、连接等基本操作技能，了解了金属制品的一般设计方法和制作要点；学生在习作课程中，能进一步体验以上技能和方法。"金属丝创意作品制作"共两个课时，第一课时学生完成主题创意设计并初步完成基本造型，第二课时学生完善细节造型并完成创意作品，展示并交流。

本节习作课在技术要求和评价要求中注重艺术审美渗透。课堂围绕校庆十周年献礼的主题，引导学生设计并制作金属丝创意作品，借物托情、礼赞校园。为帮助学生解决技术问题、激发学生创意，课堂利用iPad搭建互助平台为学生提供差异化的学习资源，让学生自主选择难度恰当的项目作品，并在小组分工与合作中完成金属丝创意作品的制作。课堂上的iPad网络分享技术给予学生作品交流与评价的时间和空间，通过分享和交流，引导学生发现美、欣赏美、追求美，并不断调整、完善、美化作品。

二、学习目标

（1）学生通过金属丝创意作品的设计和制作，掌握金属丝制品的一般设计方法和制作要点。

（2）学会正确、规范地使用尖嘴钳、斜口钳等完成弯、折、绕、连接等基本加工技能。

（3）学生在金属丝作品设计和制作的过程中，积极主动获取学习资源，发挥团队的力量克服困难，改进和优化作品，能够发现美、欣赏美，体会劳动的快乐。

三、重点和难点

重点：在艺术审美的视角下开展设计和制作。

难点：从信息资源中获取金属丝弯折成形的技巧和方法，正确模仿并实践操作；发现美并追求美，在作品设计和制作过程中精益求精。

四、准备工作

教师准备：彩铝丝、金属丝创意作品（场景）、尖锥钳、斜口钳、直尺、资源库http：//192.168.90.11：8088/resources.html、多媒体课件等。

学生准备：铅笔、橡皮等。

五、课时安排

2课时。

六、学习流程

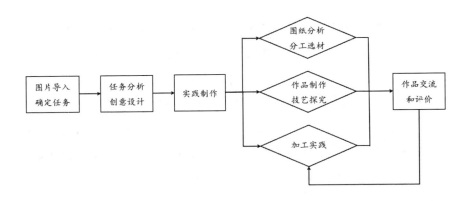

七、学习过程

过程	教师活动	学生活动	设计意图
欣赏感受引入主题	1.视频：四季中的校园，展示校园美；特色活动和标志性事件，展示校园的活力。主题：今年是建校10周年。为纪念建校10周年，同学们能否以校园的一个场景或者物品为原型，设计创意作品并利用金属丝制作成型呢？2.出示课题："习作：金属丝创意作品制作"，并板书	欣赏不同季节的校园风光，体味校园生活的丰富多彩，感受校园的美，激发赞美之情	采用视频剪影展示校园的美、校园的活力，引发学生共景共情，激发学生礼赞学校的热情

续表

过程		教师活动	学生活动	设计意图
创意作品方案设计		1.引导小组讨论交流，初步构思并描绘设计草图。 2.巡视、聆听各个小组的创意设计，关注作品的外观设计，引导学生在设计时考虑作品外观配色方案以及金属丝（彩铝丝）材料的特性。 3.选派小组派代表展示设计稿，并预算材料 	1.小组讨论交流，选取校园中标志性事物为原型开展创意设计。 2.借助iPad资料，完善设计图，包括作品的立体图、展开图、零件图等，并清晰标注尺寸。 3.小组代表展示说明设计意图，并根据设计预算彩铝丝线径、颜色、用量等	学生展开头脑风暴，通过设计来解决技术问题。锻炼学生的项目设计能力
创意作品制作	1.图纸分析、分工选材	1.引导学生根据设计草图，结合组员特长合理分工。 2.指导学生按照设计图纸要求合理算料和下料	1.结合现有材料和资源，观察、讨论，调整设计图纸，合理选材和分工，充分发挥每位组员的特长。 2.根据设计图，选择颜色、线径合适的金属丝，并用直尺量取后裁剪	通过图纸分析和调整，让学生体会在限定条件下分工合作的重要性

过程		教师活动	学生活动	设计意图
创意作品制作	2.探究作品制作技艺	1.引导学生自主探索，选择合适的加工技艺制作作品，并利用iPad作为学习支架辅助解决技术加工问题。 （图片来自网络） 2.巡视指导，解答技术问题。利用希沃授课助手，实时反馈各组学生探究学习情况	1.学生根据项目作品特点，灵活选用、组合金属丝弯、折、绕、连接等基本操作技能，实现设计意图。 2.两人共用一台iPad，借助iPad搜索网络资源，进一步探究金属丝作品制作技艺和方法	启发引导学生自主探索，灵活选择金属丝加工技艺完成制作，培养学生分析、解决问题的能力
	3.加工实践	1.引导学生合理使用手套等防护用品，按照操作规范，安全制作金属丝创意作品。 2.巡视指导，提醒学生弯折、缠绕、连接金属丝时注意经常比对设计图纸，确保金属丝制品符合设计意图。利用希沃授课助手，实时展示优秀范例	1.分工与合作，安全、规范地制作金属丝作品。 2.学生在加工实践中，不断修整金属丝作品 	通过规范操作榜样示范、表扬等方式，帮助学生逐步形成安全规范操作的劳动习惯。通过优秀的金属丝加工范例引导学生发现美、欣赏美，并激励学生在技术上不断精益求精

续表

过程	教师活动	学生活动	设计意图
交流评价	1.作品的评价与改进 作品质量要求： （1）礼赞主题鲜明，基本形状与图纸设计吻合。 （2）基本造型新颖、别致。 （3）弯折直线是否平直、弧线是否圆滑流畅。 （4）连接是否牢固、缠绕是否紧密整齐。 2.总结评价活动 展示小组作品完善作品造型细节并完成创意作品	1.展开组内交流和评价，对形状不吻合的零件"再加工"。 2.比一比、评一评、议一议各个小组的作品的基本造型，提出意见和建议 	在交流与评价中提高审美能力和语言表达能力，体验成功的喜悦

华东师范大学第二附属中学附属初级中学　欧阳映

点评：此案例是以学生的习作设计为主，设定校庆主题，基于校园典型标志物进行创意设计，要求设计中呈现美的情境、美的造型，通过iPad上网搜索资源辅助设计，为学生提供技术支持，拓宽设计空间，对美的引导更为充分。在制作中能感知美、体现美、创意美。在作品交流"评一评""议一议"的环节，引导学生以艺术审美的视角进行多元评价，在作品展示中关注技术美和艺术美。所以作业设计的导向融入艺术审美的视角，从设计、制作到评价就会将美蕴含其中，实现以劳育美，以美促劳。

通过以上案例可以看到师生在技术实践中对技术学习、技术要求、艺术审美方面的追求，都有了很大程度的提高；同时，教师在教学中也深入地研究了教材，拓展了教学内容，适当开发了具有校本特色的初中劳动课程，教师教学内容更为丰富，学生实践操作更为有效。

三、研究成效

（一）初中劳动课程开发的作用和价值

初中的劳技课程为课程教学提供了框架，课程在教学中主要是以通用教材实施为主，其中会结合学校实际情况、结合教师教学实际做一些教学调整和课程开发（校本教材），目的是丰富课程、发挥教师专业特长，更好地促进学生技术素养的提升。

1. 教材资源的深度开发，以劳育美

上海初中劳动技术学科教材采用上海科技教育出版社九年义务教育课本《劳动技术》教材，2007年7月第3版，六年级至八年级，每学年一册。教材从内容到技术都涉及一定的艺术审美的教学导向，比如在设计与制作中注重追求造型、色彩搭配、技术规范、美观、赏心悦目等。所以，教师在教学中，可以对教材中有关艺术审美的相关内容进行深度开发，有助于激发学生学习和实践的兴趣，引导学生了解技术实践与精致精美之间的关系，从而引导学生掌握规范的操作技术和作品创新与制作方法，在劳动过程、技术应用与实践中培养艺术审美能力。

2. 校本课程的开发实践，以美促劳

很多劳技教师在长期的教学实践中，在技术技能等专业领域里都会积累一定的教学经验和专业特长，可以结合学校校本课程的开发与实施，进一步梳理劳技教师的技术专长类校本课程（特别是在技术学习上追求艺术审美、创意创新、精致精品等方面开发校本课程），将艺术审美的育人理念逐步渗透到劳动实践中。

校本课程的开发，可以进一步拓展和丰富劳技学科的教学内容。在近几年的教学实践中，有的教师在金属丝加工、木工制作、布艺制作、绳结工艺、食品雕刻、水仙花雕刻与造型、剪纸、钻石画、插花造型、衍纸制作等方面都有技术专长，并且相应地开发了校本课程或学科拓展课程，而且这些校本课程里都较多地关注了对学生艺术审美与创意创新能力的培养，在学生技术素养提升起到了重要的推进作用。

3. 项目资源的开发利用，技艺双赢

所谓项目资源，即与劳技学科相关的相对独立的学科活动，比如课堂教学改进项目、竞赛项目、课题项目、主题教研项目、校本特色项目等，可以结合学科教学，以"短小精悍"的独立项目进行参与和实施，不仅呈现不同的效果特色，更是能达到技艺双赢的目的。

比如某学校劳技学科拓展课程开发项目"耕作园"，就是结合六年级的《盆花栽培》和《扦插育苗》内容而开发实施的校本化植物栽培课程，把植物栽培技术从课堂延展到户外，从短时课程延展到长程课程，使参与课程的六年级学生一个学期都要观察、培植植物的长成到最终收获。该项目的开发利用，重在对学生学习习惯的培养，关注技术与生活的密切相关性，引导学生观察植物生长的美与生命力的蓬勃之美和劳动收获之悦，是一项深受师生喜爱的项目课程。

再如，七年级的《花卉盆景技术——水仙盆景的设计与制作》内容，有的学校根据此教学内容，结合每年的市、区级的"水仙花雕刻作品展评"的竞赛平台，对水仙雕刻技艺项目做了一定的开发利用，对水仙花养护与造型技艺做了长程性的项目指导，特别是对水仙花雕刻技艺、文化传承、盆景造型等方面感兴趣、又有一定艺术审美能力的学生进行引导和指导，不仅帮助学生在竞赛中获得成功体验，更是在造型养护过程中进行审美与情趣的熏陶。

（二）以艺术审美为驱动，教师的"教"更为丰厚

1. 教师形成学科特色课程，助力成长

有经验的劳技教师，在技术实践的教学中更追求作品的创意和精美，在教学中都有各自的技术专长，将技术专长开发为教师教学专长的特色课程，在学校社团课程、拓展课程、兴趣活动等校本课程中实施，更能助力

学生成长。

比如有的教师在木工制作上，不仅注重木工作品的实用性，而且还在木工作品的造型设计、美化、装饰、精巧等方面进行了课程的深入研究；有的教师在纸艺制作上，与传统剪纸文化相结合，开发了剪纸课程，将技艺之美和文化之美传递给学生。很多特色课程的共同点就是追求技艺的双重提升，追求作品的精致精美，引导学生做好每一件作品，力求规范和完美，从而培养学生做每一件事情都认真严谨、有始有终的做事态度和做事品质。

2. 教师通过微课的设计与应用，使技术走向技艺

目前在课堂教学中，已经有越来越多的教师开始使用视频微课，主要用于情境导入、技术重难点突破等教学环节，也有的教师在视频微课设计上融入了艺术审美元素，实现技术细节的精致呈现。比如制作视频微课的艺术效果更具审美或酷炫；还有视频微课设计的内容兼具作品展示和对学生艺术审美能力的培养的双重功能。利用视频微课设计可以引入相关教学内容的拓展内容，不仅丰富教学，更是开阔学生视野，渗透审美情趣，引导学生在技术学习与实践的过程中，不断实现技艺的学习与技术品质的提升。

劳技学科的视频微课的设计，在某种程度上，已经不再是简单技术流程的展现，而是引导学生在技术细节上注重精益求精、注重艺术加工、注重审美情趣和个性情怀的体现，所以，学生在制作完成一件普通的作品时，也是力求作品的艺术化和个性化，力求完成一件精美的作品，这就要求微课制作要短小精悍、体现技术精要、体现作品精致，让学生在实践过程中体现技术的美和艺术的美，这也体现了学生技术素养的全面提升。

（三）基于艺术审美情趣培养，学生的"学"更为灵动

之所以将艺术审美情趣的培养纳入劳动技术课程的教学理念中，主要是让学校和广大师生对劳技学科的育人价值有更多的认识和关注，特别是在劳动教育中，能更好地发挥劳技学科的作用，为学校校本课程开发注入新鲜的学科活力，为教师专业发展和学生技术素养提升打开新的视角，同

时也使得劳技学科教学能得到进一步提升。

1. 艺术审美情趣的培养，激发学生热爱美好生活

人们对美的关注可以说是一种本能，学生对美的校园、美的环境都会发自内心的喜欢，同样，对美的作品更是有一种"吸引眼球"的关注，所以，劳技学科教学中制作的作品，更是以精致精美和技术专业而取胜。从作品制作的目标要求上，可以用"精致美观"作为导向，引导教师关注对学生艺术审美情趣的培养，激发学生热爱美好生活的品性。

对于艺术审美情趣的培养，首先教师要有这种教学意识，对于作品的设计和制作，不能仅停留在书本的基本目标上，可以用相关的精品进行更高层次的引导，使学生意识到可以发挥自己的才华与能力，来完成高品质的作品。比如七年级木工《相架制作》，教师在指导学生完成一个简单相架制作后，又给学生观看了生活中更多精美的木质相架、收纳盒、杯垫、壁挂饰品、花盆架等木工作品，不仅在生活中实用，而且美观、精巧、美化生活。这样一个教学环节激发了学生的创作热情和乐于动手尝试的兴趣，于是，教师结合校园的爱心义卖活动，为学生提供了优质木材、颜料、油漆、刷子等材料工具，组织了一次木工"创意+选美"比赛和爱心义卖活动，得到全校师生的关注和好评。活动中的"创意+审美"这个主题设计，吸引学生去观察和搜集大量资料，从而完成自己的设计；在艺术美化环节，学生以小组合作的形式，发挥技术专长，特别是艺术加工和装饰上，学生追求作品的精致精美，使拿出来的作品都堪称"艺术品"；在制作过程中，学生自觉地关注了作品加工的技术规范，通过装饰上的构图、色彩、图案等美化环节来促进自身艺术审美能力的提升。

教师在教学中重视对学生艺术审美情趣的培养，引导学生发现美、关注美、运用美，自然地将技术技能与审美情趣相结合，将会引导学生更加热爱美好生活，带着美的心灵和情怀，投身到美好生活中，健康成长。

2. 艺术审美情趣的培养，促进学生技术学习严谨规范

有了艺术审美情趣的培养，才能使一件普通加工制作的"作业"成为"作品"，要想达到作品的精美境界，学生自然会对技术的加工制作力求

严谨规范，精益求精。艺术审美情趣的培养，不仅是艺术、美术方面的能力培养，更是专业技术能力的培养，只有技术专业、技能技巧专业，才能达到技术上的尽善尽美，一件精致的作品，即使没有任何艺术修饰美化，单纯地从设计的创意、加工的线条、打磨的细致、组装的契合度等方面，都可以看到技术的美。所以，在对作品进行美饰之前，作品本身的美尤为重要，一件蹩脚的作品，即使美化得再好，也无法掩饰技术本身的劣势。教师正是利用这一点，通过艺术审美情趣的培养，更好地促进学生对专业技术学习的严谨态度，对技术操作严谨规范的技术品质。

3. 艺术审美情趣的培养，引导技术实践走向精益求精

所谓"工匠精神"，就是一种对技术品质精益求精的精神，对作品的要求力求完美的精神。一项专业技术的学习，一套流畅的技术操作，不是知道技术的操作方法就可以了，而是需要经过一定的技术训练，能灵活运用技法解决各式各样的问题，才是掌握了一项技术；如果把技术运用到"出神入化"，才能走向精益求精。

学生在学习实践中，往往有自己的个性化设计和作品目标，教师要给予鼓励和引导。在追求作品的技术规范和艺术审美相结合的目标要求下，培养学生做事认真、细致、有耐心的学习品质，在技术实践中不断练习和训练，引导学生对技术学习精益求精，不能粗制滥造，马虎对待。因为对于技术而言，一个马虎就可能酿成大的事故。在"工匠"眼中，任何一件精益求精的作品都是美的，任何一次严谨规范的技术操作都是美的；对艺术审美的追求，也是对技术品质、学习态度的追求。所以，对学生关于艺术审美情趣的培养，还应引入技术的审美情趣，关注技术的内涵和技术的本质美，在学习和技术实践中，培养学生良好的技术品质和技术习惯，使学生在技术实践过程中逐步走向精益求精的目标。

（四）师生共识：共同追求艺术与技术相融合的技术品质

艺术审美情趣的培养，在技术实践中是一种技术目标的引领；同时，只有掌握规范的技术操作，具备良好的技术品质，才能实现艺术、技术与美的协调统一。

劳动技术学科技术素养包括技术知识与操作技能、技术问题的解决、技术意识和劳动观三个方面，具体体现学生的劳动态度、技术技能、解决问题的意识和方法、技术思维和技术品质等。技术的规范操作、精准作业、优质作品的呈现，都能够体现技术的精与美。所以作品精准和精美的呈现也是对技术的一种目标引领，只有追求更高，才能去保障良好的技术品质。

比如《一朵"削"出来的玫瑰花》案例，从技术层面要求学生会使用水果刀削皮，对"削"的技法要求是将原料削得平整、光滑或去皮或削出雕品的轮廓。教师在教学设计中，将单纯削的技法与艺术审美结合起来，如果削的技法达标，那么削下来的皮就自然平整、光滑、均匀，这也是对技术评价的一种直观呈现；同时，削下来的皮可以卷成一朵漂亮的玫瑰花，这就将技法的规范和技术品质，通过艺术作品的形式直观地表达出来。对于学生而言，对削这一技法的学习，就不再是单纯地削皮这样一个相对"枯燥"的技术学习，而是有一朵美丽的玫瑰花作为技术的引领，有一个精美的作品在等待学生去完成，那么这节课就做到了技术与艺术的有效结合，使课堂充满生机和活力。另外，教师对食材的选用也作了相关研究，分别选用苹果、番茄、土豆、黄瓜等材料做了尝试，了解食材对削的技法的影响，也观察削下来的皮卷成玫瑰花的情况，这些技术经验也可以作为拓展内容或者家庭作业设计，来引导学生参与更多的技术实践和尝试，为师生课下的交流与互动带来了资源和素材。

通过以上一个个鲜活的教学案例，我们看到师生在劳技课程的开发与实践中逐渐达成共识，技术的学习与实践，是需要在艺术审美的视角下不断追求更高的技术品质，只有技术和艺术相融合，才能实现技术品质的提升与飞跃。

四、结论与思考

（一）研究结论

本课题从立项至结题，整个研究过程历时三年多。挖掘初中劳动技术学科教材的课程资源，从六、七、八三个年级层面中遴选了纸艺、绳结、食品雕刻、艺术壁挂、木工、金属丝工艺、花卉盆景、插花、电工、电子技术等十余个课程载体，拓展课程内容，改变教学实践，给师生带来诸多的思考和实践探索。学校、教师、学生收获的既有显性的成果，也有隐性的理念变化，对学生关于艺术审美情趣的培养，还应引入技术的审美情趣，关注技术的内涵和技术的本质美，在学习和技术实践中，培养学生良好的技术品质和技术习惯，使学生在技术实践过程中逐步走向精益求精的追求目标。

1. 提升闵行区初中劳动课程内涵

劳动课程的内涵是培养学生的技术能力，学会发现问题和解决问题，培养学生的技术思维和技术品质。基于劳动课程标准，教材内容在当前教育教学形势下，是需要不断改进和优化的。作为培养学生动手实践能力和技术能力的基础课程，劳技教师近几年在学科教学中都比较注重发挥学科特色和技术专长，并且积极努力地与时俱进。特别是在上海市闵行区劳技学科教学中，提倡教师关注艺术审美视角的导向，帮助学校和教师能够参与初中劳技课程的开拓创新，并且极大地丰富了劳动技术课程的教学内容。

在课程实施过程中，劳技教师都更多地注重开发技术资源、积累技术经验、拓展技术项目、搭建交流平台、实施校本课程、注重跨学科融合等，为学生的技术能力培养创设了良好的育人环境；同时，闵行区劳技学科组也为教师形成教学特色和校本特色，搭建了教学展示和互动交流平台，使劳技学科在区域课程、区域特色上都得到了良好的发展，从而使得劳动技术课程内涵正在逐步提升。

2. 彰显劳技教师技术与艺术相结合的教育特质

劳技学科教师中，兼职教师的比例相对偏高，对学科教学始终处于不断学习和不断提升的过程中；专职劳技教师在学校中的地位也从不够被重视，到越来越凸显教师的价值和作用，使得教师在学科教学上开始了不断的创新和探索。劳技教师的技术能力，也不在单纯拘泥于完成教材的教学内容，而是开启了课程标准、教学内容、课程开发、关注学生学习等方面的研究和实践，这就使得教师意识到，在引领学生技术实践的同时，不仅要关注学生的学习兴趣、探究能力、创新能力等方面的培养，还要引领学生追求技术的完美，追求作品的精致精美和技术的精益求精。在艺术审美视角的引领下，学生开始在发现问题、解决问题的同时，注重技术与艺术的结合，呈现力求完美解决问题的态势。

从教师个人层面，认为单纯的技术应用除了体现能够解决问题及其具有实用性以外，确实应该更多地关注技术和劳动创造美好生活的本质，通过劳动技术制作一件精良的作品，是离不开技术与艺术相结合的。艺术审美越来越成为学生必备的能力，所以在技术学习与实践中，是必然要关注到这一点的。

3. 凸显学生综合素质发展

劳动技术学科在培养学生技术能力、动手能力、创新能力、工程思维等综合实践能力上起到了基础学科的重要育人作用，为学生综合素质发展奠定了基础。之所以要开发初中劳动课程，是因为学生对课程的需求越来越丰富，对劳动过程的体验和感悟越来越能融入生活实际，对自身技术能力培养也有了更高要求，并且在研究中发现，技术与艺术的结合，可以在艺术审美这一视角下做到方向引领和课程开发方面的统筹。于是，在现有课程的基础上，基于艺术审美视角，针对学生学习兴趣、项目设计、团队合作、个性化创新、技术实践、艺术审美能力培养、体会劳动的快乐和意义等有利于促进学生综合素质发展方面，进行了一定的拓展和延伸。特别是在艺术审美视角下，引导学生对设计的追求，对技术的钻研，对作品的优化等，都起到了直接的学科育人作用。

（二）后续思考

课题结题阶段，我们回顾、梳理了课题研究的整个历程，力求展现课题研究与实施的真实、完整过程。回顾课题研究至今的历程，我们感到既艰难，又收获颇多。同时，对课题研究的不足以及后续研究思考，我们认为研究过程中，不仅对初中劳动技术学科教材与课程实施情况进行了详细调研和深入研究，同时把教师有特色、有亮点的教学内容进行了梳理，发现在培养学生创意设计能力方面，师生对作品的艺术性、个性化、精致性都有较高的要求，特别能激发师生的积极性和主动性，对课程开发和提高学生的学习效率和实践效果都有很好的促进作用。

在项目的后续推进中，将继续广开渠道，整合更多优质校本课程，进一步开发更多的以艺术审美为核心的初中劳动技术课程，并使之向小学和高中阶段课程拓宽，使之成为闵行劳动技术校本课程建设的一个特色标杆，扩大社会影响力。

【备注】

此课题荣获2019年上海市闵行区优秀规划课题。

2016区级课题研究共同体组内成员有：

上海市闵行区青少年实践教育基地　茅天翼

上海市七宝实验中学　刘琳琳

上海师范大学康城实验学校　顾婉芝

上海市闵行区上虹中学　邵峰

上海市吴泾中学　郭锦文

上海市闵行区教育学院　庄明

第二章 "美劳"共育主题教研下的教学研究

区域教研共同体的建立，为"美劳"共育的教学实施提供了教学研究环境，为教师的专业发展搭建了平台。首先，"美劳"共育是教研共同体成员在教研活动中有较多成员已经初步开始实践，但并没有聚焦成主题，还停留在"试水"阶段，所以基于区域教研共同体的团队力量，集中发掘教师中的关于"美劳"共育的教学优势，特开展了"美劳"共育主题下的专项研究，从劳动课程的教学研究，到与美术学科之间的跨学科协同研究，逐步找到研究方向并取得一些研究成果。但离真正的跨学科研究还有一定距离，因为劳动课程和艺术课程有各自的学科独立性，学科之间相对存在一定制约或局限性，所以我们教研共同体所做的研究仅仅是"美劳"共育主题下的教学研究，是基于艺术审美视角下，在劳动课程教学中、在生活中去发现美、感知美，在设计中体现美，在技术实践中关注美、体验美，让劳动作品走向美观精致，更具艺术性和个性美。

一、研究背景

在数字化背景下，教学资源越来越丰富，劳动课程如何实施？本章研究了适合初中劳动技术学科和美术学科基于"美劳"共育的跨学科协同的相关案例，通过课程单元设计、教学资源利用和在线教学等方面阐述了"美劳"共育的价值和意义，并提供了课程实施的教学策略，主要是进一步提升劳动技术学科的育人价值，引导学生在"美劳"共育主题下的学习和实践中更好地提升综合素养。

对于跨学科研究的理解，在艾伦·雷普克著的《如何进行跨学科研究》一书中有这样的论述，跨学科研究中的"交叉学科不是为了与学科竞争或取代学科，而是为了与学科共同努力超越其局限"的一种方式。对交叉学科的正确认识导致更外向的学科。①在德智体美劳"五育"并举和五育融合课程建设的目标导向下，学科之间的联系与相关性在学生的学习中有着越来越多需求的显现，但目前就跨学科而言还是受到很多各自学科教学理念的制约，所以在跨学科实践研究中，首先迈出了美术和劳动技术学科的初步的跨学科研究。

《中小学劳动技术课程标准》中指出：劳动技术课程融科学、技术、人文于一体，它涉及设计、材料、工艺、能源、环境等技术领域。它需要融合多门学科的知识，通过技术活动，实现知识内化，提升综合应用的能力。所以跨学科融合和学科协同是"美劳"共育的重要前提。

在《中共中央 国务院关于全面加强新时代大中小学劳动教育的意见》中指出，劳动教育是国民教育体系的重要内容，是学生成长的必要途径，具有树德、增智、强体、育美的综合育人价值；提升学生综合素质，强化实践体验，促进学生全面发展、健康成长。

在2022年新颁布的《义务教育劳动课程标准》中，在课程理念中的坚持育人导向中明确指出，"以习近平新时代中国特色社会主义思想为指导，注重挖掘劳动在树德、增智、强体、育美等方面的育人价值……"在核心素养中也指出了"懂得劳动创造人、劳动创造财富、劳动创造美好生活的道理；能崇尚劳动，牢固树立劳动最光荣、劳动最崇高、劳动最伟大、劳动最美丽的观念"。可见，其中劳动"育美"的育人价值不可或缺，而且为"美劳"共育的跨学科协同提供了指导方向。

---

① 雷普克. 如何进行跨学科研究［M］. 傅存良，译. 北京：北京大学出版社，2021：441.

二、艺术（美术）学科与劳动课程"新课标"的双向解读

艺术学科的核心素养内涵主要包括审美感知、艺术表现、创意实践、文化理解四个方面，主要是培育学生善于发现美、感知美，丰富审美体验，提升审美情趣；培育学生掌握艺术表现的技能，认识艺术与生活的广泛联系，增强形象思维能力，涵养热爱生命和生活的态度；培育学生形成创新意识，提高艺术实践能力和创造能力，增强团队精神；使学生在艺术活动中形成正确的历史观、民族观、国家观、文化观，尊重文化的多样性，增强文化自信。[①]

劳动课程的核心素养内涵主要包括劳动观念、劳动能力、劳动习惯和品质、劳动精神四个方面，劳动观念主要表现为：学生能尊重劳动，尊重普通劳动者，了解不同职业劳动者的辛苦与快乐；能正确理解劳动对于个人生活、家庭幸福、社会进步、国家富强和人类发展的意义，懂得劳动创造人、劳动创造财富、劳动创造美好生活的道理；能崇尚劳动，牢固树立劳动最光荣、劳动最崇高、劳动最伟大、劳动最美丽的观念。劳动能力主要表现为：学生具备基本的劳动知识和技能，能正确使用常用的劳动工具；能在劳动实践中增强体力，提高智力和创造力，具备完成一定劳动任务所需要的设计能力、操作能力及团队合作能力。劳动习惯和品质主要表现为：学生具有安全劳动、规范劳动、有始有终等习惯；养成自觉自愿、认真负责、诚实守信、吃苦耐劳、团结合作、珍惜劳动成果等品质。劳动精神主要表现为：学生能领会"劳动是一切幸福的源泉""幸福是奋斗出来的"的内涵与意义；继承中华民族勤俭节约、敬业奉献的优良传统；弘扬开拓创新、砥砺奋进的时代精神；感知爱岗敬业、甘于奉献的劳模精神；培育百折不挠、艰苦奋斗的革命精神，以及精益求精、追求卓越的工匠精

① 中华人民共和国教育部. 义务教育艺术课程标准（2022年版）[S]. 北京：北京师范大学出版社，2022.

神。[①]

基于学生全面发展和综合核心素养提升，找准"美劳"共育的契合点，制定"美劳"共育课程的课标解读属性表（表2-2-1）。

表2-2-1 "美劳"共育课程属性表

学科	核心素养	共育融合点
艺术/美术	●审美感知　●艺术表现 ○创意实践　○文化理解	以劳育美，发现美、感知美，劳动创造美好生活，热爱生命和生活的态度、劳动最美丽等
劳动课程	●劳动观念　○劳动能力 ●劳动习惯和品质　○劳动精神	
艺术/美术	○审美感知　●艺术表现 ●创意实践　○文化理解	设计、技能、创新、实践能力、创造能力、团队精神等
劳动课程	○劳动观念　●劳动能力 ●劳动习惯和品质　○劳动精神	
艺术/美术	○审美感知　●艺术表现 ○创意实践　●文化理解	崇尚劳动、传统文化、追求卓越、工匠精神、文化自信等
劳动课程	●劳动观念　○劳动能力 ○劳动习惯和品质　●劳动精神	

基于"美劳"新课标的研读，找到两学科间的共育融合点，再发挥各自学科优势，双向接力，双科共赢。比如，美术学科六年级第二学期第五单元的《产品造型设计》单元，在产品设计上可以绘制美观草图，可以通过理念、风格、造型、结构、功能、材料、制作工艺等方面进行引导设计，并利用仿生造型法、几何造型法强化设计，凸显学科优势。但美术学科的产品呈现多以纸模为主，不能很好地呈现产品的设计，而且牢固度不强。劳动课程中《木工》课程，在材料应用、技术加工方面有着产品牢固、技术性强的优势，但在设计上相对简单，特别是将个性化设计草图绘制成零件图的时候存在一定困难。而在美术学科中，可以通过草图建立纸

---

① 中华人民共和国教育部. 义务教育艺术课程标准（2022年版）[S]. 北京：北京师范大学出版社，2022.

模，再通过纸模辅助完成零件图绘制，这样就突破了劳动课程中的绘图难点。通过以上研究和分析，为"美劳"学科的跨学科研究和单元设计提供了土壤，经教学实践研究，"美劳"学科关于《产品设计与制作》大单元设计中的主要实践活动及对比如表2-2-2所示。

表2-2-2　《产品设计与制作》大单元学习活动设计

项目	劳动课程	美术学科
单元学习活动设计	实践1：木工材料及加工工具 实践2：木工加工方法及技能体验 实践3：按图加工制作椅子 实践4：组装、美化、展示椅子作品	活动1：椅子的设计构思 活动2：椅子的立体纸模型 活动3：椅子的零件图绘制 活动4：椅子的木质模型制作和美化
关键能力	图样表达、技术加工、组装与物化	审美判断、想象创造、美术表现
学科融入效果	1.完成个性化设计草图到零件图绘制的过渡，图样表达规范。 2.个性化作品加工成型。 3.作品质量和效果整体提升	1.根据木工材料和工具构思设计。 2.学会规范绘制零件图。 3.产品质量与效果整体提升

在《木工——椅子的设计与制作》一课教学中，通常的单元教学设计如图2-2-1所示，但在具体的教学实施中，教师主要采用简单的草图设计，往往在实现零件图绘制的这一环节，遇到较大困难，于是，常常采用的做法是为学生提供现成的零件图，要求学生按照现有零件图完成木工加工技术的学习与实践，注重木工加工技能学习和技术体验，在作品设计上不太关注，学生的个性化且有一定难度的设计，也因此被忽视。

以上单元设计相对完整，符合单元教学目标要求，但在构思方案和设计表达的教学实施中，缺少相对系统的学习方法和设计方法方面的指导和研究，所以实施难度较大。而美术学科则在此方面有着学科上的优势，于是，"美劳"学科通过"美劳"共育的学科协同，基于各自学科的单元设计，再到大单元设计的教学实施，"美劳"学科融入的劳动过程调整为如

图2-2-2所示。

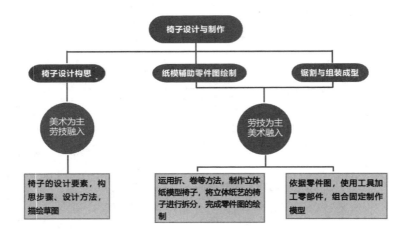

图2-2-1 《木工——椅子的设计与制作》劳动课程中常用单元设计

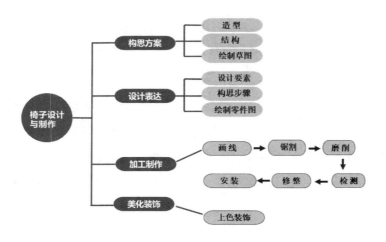

图2-2-2 《木工——椅子的设计与制作》"美劳"共育课程的单元设计

这样，通过在美术学科设计方面的系统学习和方法指导，完成了作品的个性化设计，并通过纸模拆解辅助完成零件图的绘制，为木工技术上的加工制作奠定了设计基础。同时，劳动课程在材料和工具的实际应用，为美术学科的产品设计界定了设计条件，使产品设计不仅要关注设计需求、设计情境等，还要关注技术资源和技术条件。另外，美术学科的产品设计模型，通常以纸模作为立体模型载体，这在体现产品的质量和模型的保存上有很大欠缺，不牢固又容易变形，缺乏质感。所以，产品的设计及模型制作需要突破纸模的限定，需要开发新的材料资源和取得新的技术支持，最终选择了木工的加工和制作工艺，"美劳"学科协同打造，生产出较为优质的木质产品模型。

经上述研究，"美劳"共育在核心素养培养、教学内容、单元设计等方面是可以找到双学科的教学契合点和生长点，但在研究中也发现了学科间仍存在所谓的学科体系、教学设计模板、课时设定等方面相对独立、又较难逾越的"壁垒"，所以这让"美劳"共育主题的教学研究走向更为宽泛的"以劳育美、以美促劳"的多元研究，更多的是在劳动课程中带入美、发现美、体现美、感受美、创造美，让美育及其艺术内涵渗透到教学中，让师生在劳动过程中自然地去孕育美，并被生活中的美和技术中的美所滋养。有了更为广泛意义上的"美劳"共育，也给师生提供了更为广阔的教学尝试空间，所以教研共同体的成员在研究和实践中梳理了相关"美劳"共育主题的单元设计，不仅开发了教师的特色劳动课程，也丰富了校本、区本化劳动课程。

三、"美劳"共育的教学策略研究

本学期因为疫情开启了为期三个月的线上教学，我们也研究了数字化背景下的初中学段"美劳"共育等跨学科融合的内容和项目案例，无论是线上还是线下教学，都要对劳动课程进行"设计性"实施，要把资源"内化"到本土课堂，所以从"美劳"共育视角下的劳动课程的单元设计、资源利用、在线教学指导建议等方面作了研究，并综合提炼了以下教学策略。

（一）"美劳"共育引领单元设计的教学策略

上海初中劳动技术学科教材采用上海科技教育出版社九年义务教育课本《劳动技术》教材，2007年7月第3版，六年级至八年级，每学年一册。教材从内容到技术都有涉及一定的艺术审美的教学导向，对教材中有关美育的相关内容进行深度开发，丰富单元设计，有助于激发学生学习和实践的兴趣，从而引导学生掌握规范的操作技术和更高阶的作品创新与制作方法，在劳动过程、技术应用与实践中培养艺术审美能力。

1.合理运用教材，创设"美劳"共育的内容载体

首先是对教材的整体把握，全面了解教材的教学内容，特别是单元教学内容，可以充分挖掘教材中的"内容点"，一般是在教材中提到，但没有明确的加工与制作的目标，也没有明确的技能体验，但又对学生的创意设计、技能体验和艺术审美能力的培养有着重要作用的内容板块，可以创设"美劳"共育的内容载体。

图2-2-3 纸艺框架造型作品

比如，六年级第1单元，纸艺——装饰花的造型与制作中，开展了纸艺小品的设计与制作，主要是依据装饰花中的框架造型的设计特点，结合小品的背景设计，体现绘画和书法带来的审美意境。（图2-2-3）背景设计以平面设计为主，而纸艺装饰花的制作则体现作品的立体效果和层次感，使学生在设计与制作中就会关注"平面与立体""意境与审美""虚实相结合"等设计要点，关注作品的立意与制作的精美。

2.梳理单元学习技能，开发综合性技术应用项目

上海市教育委员会《中小学劳动技术单元教学设计指南》中指出，单元教学设计包括规划单元内容主题、分析单元教材教法、制定单元教学目标、确定单元教学重点与难点、设计单元主要教学活动、量化单元教学评价、整合单元教学资源等环节。所以，根据单元内容、学习内容或者是单

元评价的教与学的"需求"，开发综合性技术项目来调动学生的综合技能，并运用技能进行综合性的设计与制作，重构单元设计，使学生的综合素养得到全面提升。

"美劳"共育导向下，如六年级上海科教版《劳动技术》教材《食品雕刻——菜肴盆饰》这一章可以从菜肴边缘的装饰点缀，转型为"食品雕刻盘画"的设计与制作，从而使教学内容更能体现"盘画"设计、食品选材、综合雕刻技法应用和"如诗如画"的食品雕刻作品呈现。这会给学生在美食的设计、制作和欣赏上带来更大的学习兴趣和更美好的实践体验。

3. 挖掘影响技术实现的重难点，搭建学科互通桥梁

在引导学生开展技术技能学习中，通常都是学科内部突破，有些技术的重难点的突破有难度，又相对抽象，或在教与学中受到一定局限，如材料受限、资源受限、方法受限等。目前在学科协同的倡导下，可以打开思路和突破局限，借助不同学科的优势或资源，搭建一条或多条学科互通式桥梁，解决教与学的重难点问题。

比如木工的零件图绘制，从设计草图到规范零件图绘制（图2-2-4），是教学中的一个难点，很多教师的解决办法是提供现成的图纸，注重技术加工与体验，其实就是避过了教学难点；而创新设计和图样表达是学生学科核心素养培养的两个重要方面，所以应该重在突破。

图2-2-4　"鲸鱼椅"

设计草图与零件图

在"美劳"共育引领下，教师借助于美术学科的纸艺建模来加以辅助完成草图设计的基本造型（图2-2-5）；然后再拆解成各结构部件，用来辅助零件图的绘制。这样既表达了学生的个性化创意设计，也实现了零件图的规范绘制，使学生的技术思维得到了培养和提升。

图2-2-5　"休闲椅"

设计草图及其纸艺模型

4. 根据作品呈现效果，灵活选取并整合教学内容

劳动技术学科制作的作品不仅是满足技能的学习和实践，而且要让作品走向精品、走向艺术品的发展趋势，因为只有精品和艺术品，才能体现技术的规范和精细、体现设计的创新性，体现作品所蕴含的文化品位和深刻内涵；让学生带着美好的心灵情感进行设计和制作。所以，根据作品的呈现效果，结合教学内容和作品的文化内涵，进行灵活选取、增补、并整合相关教学内容。

根据教学内容重构的实际情况，我们梳理了适合"美劳"共育的课程图谱，给教师提供个性化教与学的参考依据，进行选择性使用。课程图谱如图2-2-6所示。

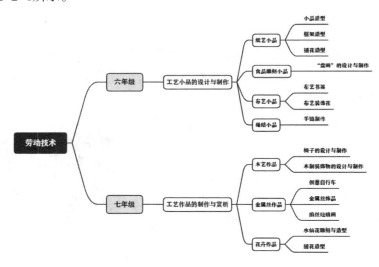

图2-2-6 闵行区"美劳"共育劳动课程图谱

（二）"美劳"学科资源共享与开发的教学策略

无论是线下授课还是线上教学，劳动技术学科和美术学科都要利用学习资源或项目资源引导学生学习和实践，特别是在材料和工具的使用中，"美劳"学科可以互为资源支持，合理进行资源的"互助式"使用。特别是在疫情期间，居家学习环境中更要注重资源开发，"美劳"资源共享，并以"精美"作品的设计与制作为引领，达成相关课程的学习目标。

1. 调度与共享"美劳"教学资源

作品的设计与制作需要材料、工具、专用设施设备等资源，劳技学科在配套材料上还相对不完善，特别是作品对美的要求和作品的丰富性上还尚显不足，这就需要取得跨学科资源的支持。比如纸艺，纸艺小品造型的设计与制作（图2-2-7）就需要美术学科资源的书法、绘画的笔墨、水彩、水粉等资源，也需要各种颜色的皱纹纸、宣纸、卡纸、毛笔等材料资源，以及美术专用教室等硬件设施。另外，在背景制作和氛围渲染上，需要构图设计、绘画、色彩搭配、意境渲染等美术学科技术支持，才能呈现出美劳共育的最佳效果，让学生感知通过劳动可以创造生活中的美，学会欣赏美，体验美，实现学生综合素养的提升。

图2-2-7　纸艺插花作品（3件）

2. 自主开发教学资源

劳动课程的材料工具可以根据课程的具体实施，进行自主开发教学资源，特别是居家劳动课程适合方便可取的生活类资源，校本劳动课程需要体现课程特色的专门性工具材料等技术资源。

（1）补充性资源。

除了跨学科资源的调度利用以外，教师还可以根据教学内容和项目制作等实际需求，在材料选择、工具选用、作品表现形式等方面进行自主开发教学资源。本单元的椅子制作还补充了3D打印资源，鉴于部分零件或造型设计，特别是带有连续弧度或弯曲度的造型，木质材料很难实现，

图2-2-8　3D打印"摇摇椅"模型

就开发了3D打印资源加以辅助。（图2-2-8）

布艺的材料资源主要是棉布和涤棉，用来做餐巾、笔袋和布老虎，材料、色彩相对单一，材质较软。所以可以开发一些方便、材质软硬度适中、色彩丰富的资源进行布艺针法的学习和作品设计。

金属丝在美化装饰上，因其种类繁多而有很好的装饰效果，多数金属丝以不同的性质，为作品带来不同的装饰效果。其中装饰作用更常见的装饰性金属丝，如彩色铝丝、卷轴铁丝、铜丝等，分别以不同的柔韧度、色彩等特性在不同的作品中有着不同的表达。（图2-2-9）

图2-2-9　布艺、金属丝作品

（2）环保性资源。

利用废旧材料进行创意设计和制作，如利用废旧口罩和水果包装泡沫材料制作的插花造型，节约又环保。（图2-2-10）

（3）开发性项目资源。

金属丝的工艺在激发兴趣和文化熏陶上，可以从掐丝珐琅、金属丝工艺作品等入手，将金属丝工艺之美带给学生，再从金属丝的颜色、种类、造型设计、连接方法、弯折技法等方面渗透美学技艺。掐丝珐琅就是从技术、工艺、资源上直接实现"美劳"学科对接。（图2-2-11）

图2-2-10　环保材料作品

图2-2-11　掐丝珐琅工艺作品

（三）"美劳"共育之线上教学策略

疫情期间，上海的广大师生在匆忙间迅速启动"在线学习，居家办公"模式，虽然在2020年已经有一定的在线教学的经验，而且线上的"空中课堂"资源已基本完备，但是广大师生还是会面临具体的实际情况，如学校课时的统筹安排、教学平台的使用、教学内容的调整、材料工具在居家情况下配备不足、课程实施的安全保障不够等诸多问题。为尽快适应线上教学的居家教学环境，更好地开展劳动课程教学，通过"美劳"共育进一步激发学生学习和实践的兴趣，主要有以下建议。

1. 教学资源突出"美劳"共育的切片式教学

上海市空中课堂视频资源相对全面，但在教学中要学会深度利用该资源，对资源进行取舍、整合和利用，特别是对视频资源进行切片式教学，让资源融入个性化课堂，而不是泛泛观看和交流。切片式教学，主要是提取学习情境、设计意图、技术环节、活动任务、要点知识表达、课件动画等，用于突出教学重、难点，指导学生实践。所以，选取的教学资源要关注"美劳"共育内容的体现。比如，《布贴画的设计与制作》这节课，教师选用了美术学科中的"造型"和"色彩"的内容用来指导布贴画的设计，引导学生用艺术审美的视角来提升作品的设计与制作。

2. 开发适合"美劳"共育的居家学习项目

因材料和工具不足的原因，可以调整教学内容，开发居家学习项目与劳动资源。在《义务教育劳动课程标准（2022年版）》中，每个学段都有对应的任务群，特别是日常生活劳动比较适合居家劳动课程的学习项目。但在生活劳动中的学习资源开发中，为进一步激发学生的学习情趣和参与度，提升生活劳动的品质，可以寻找适合"美劳"共育的劳动项目作为学习资源。在生活劳动中，引导学生完成劳动不仅仅是完成任务，而是创造美的家居环境、创造美的劳动作品、创造美好的生活品质。比如，纸艺花卉、厨艺烹饪、绿植养护、布贴画、剪纸、小饰品制作等课程资源，都适合学生居家学习与制作，并且能在"美劳"共育上有很好的体现。

小学五年级劳技课有一节《调光小台灯》，教师因配套材料没有及时到位而调整了教学内容，改为"美劳"共育导向下的《光影纸雕作品的设计与制作》，技术上是连接小灯珠电路，材料可以自选，也可以选用一般照明灯光进行简化使用；美学上是设计制作光影纸雕作品，并通过光照映射出作品的艺术效果，这一内容的调整受到广大学生和家长的喜爱，学生通过绘画和剪纸的方式进行设计和制作，纷纷出台各种极具美感和个性化的作品。（图2-2-12）

图2-2-12　光影纸雕学生作品

3. 作业设计与展示注入艺术审美元素

劳动课程的作业一般是体现劳动过程的表现性行为，另一种就是以作品的形式完成设计与制作。线上教学中，学生的居家劳动作业不仅是完成一项劳动任务，而是要以高阶目标来完成一项劳动作业（图2-2-13），这其中要让学生认识

图2-2-13　"光影纸雕"作业设计中
"美劳共育"的目标要求

到劳动的意义和价值，认识到劳动是创造美、创造美好生活的源泉，这样学生对劳动的认识和理解才会更深刻。

在作业设计上，要注重引导"美"，比如草图的设计理念可以体现生活的美，体现绘图规范的整体美（图2-2-14）；制作中体现技术标准、操作规范、态度严谨、精益求精，体现技术的美；作品体现结构合理、造型美观、色彩搭配富有艺术效果等，体现作品的"美"。在作品的展示与交流中，是师生在线互动的一种有效方式，这里要给学生充足的时间做作业展示和交流，引导学生用语言表达"美"，能够表达出对"美"的理解和感悟，能诠释作品展现出来的各种"美"。教师在点评中，也可以用美术学科中的构图、色

图2-2-14　布贴画裁剪图中"美劳共育"的绘图要求

彩、层次、布局等元素对作品进行点评，这样"美劳"共育可以在作品的展示与交流中得到升华。

四、"美劳"共育主题下的劳动课程教学案例研究

上海市中小学二期课改以后，劳动技术学科主要基于小、初、高三个学段的《劳动技术》教材开展教学。自2021年起，高中劳动技术学科调整为高中通用技术学科，并进行了新教材《技术与设计1》和《技术与设计2》的必修课程教学，还有基于《电子控制技术》《工程设计基础》等11本选择性必修教材的课程实施。2022年起，小学和初中开始使用教育部制定的《义务教育劳动课程标准（2022年版）》，劳动技术学科也调整为劳动课程。从课程内容上看，主要关注三大劳动体系：日常生活劳动、生产劳动和服务性劳动；从内容结构上又将三大劳动体系划分为十大任务群：日常生活劳动包括清洁与卫生、整理与收纳、烹饪与营养、家用器具使用与维护；生产劳动包括农业生产劳动、传统工艺制作、工业生产劳动、新技术体验与应用；服务性劳动包括现代服务业劳动和公益劳动与志愿者服务。这十大任务群又分别覆盖1～2年级、3～4年级、5～6年级、7～9年级四个学段。

《义务教育劳动课程标准（2022年版）》在劳动课程的内容要求上，主要是结合学校实际，可以自主选择确定各年级任务群学习数量，鼓励有条件的学校在课程内容上能够覆盖十大任务群。还可以结合课外劳动和家庭劳动包括学习生涯导航、职业规划教育等，进行开设相关劳动课程，这说明劳

动课程的开发与实施给学校的课程领导力注入更加新鲜的活力，给予劳动课程校本化实施更大的空间，也给劳动课程教师在课程开发上更大的自主权。

所以，在闵行区劳动课程教研共同体的教学实践研究中，教师立即把曾经开展过的符合劳动课程《义务教育劳动课程标准（2022年版）》要求、又能与"十大任务群"进行合理对接的现有校本课程进行梳理，积极纳入劳动课程的范畴，为将来《义务教育劳动课程标准（2022年版）》的全面实施做好校本劳动课程规划和技术资源储备。同时，教师在近几年的研究中，也对"美劳"共育的跨学科协同的教学理念逐步有了更深刻的理解，要想真正做到"美劳"跨学科是有难度的，于是教研共同体成员把"美劳"共育的研究目标仍然放在艺术审美视角下的"美劳"共育，给劳动课程以更大的研究、开发和实践空间，并在教学实践中取得了不俗的教学效果，同时也积累了一定数量的典型案例，本书遴选了几篇作为实践研究的成果供大家参考。

【教学案例1】

通过"国风版"纸艺小品的设计与制作，结合"美劳"共育来充分挖掘单元设计的意义，了解教师课程设计能力对学生综合技术能力提升所发挥的积极作用。本案例通过学习的核心问题和关键过程来全面阐释课程开发与应用、跨学科协同、学生能力培养等方面的教学实践经验。

基于学习核心问题　把握学习关键过程
——以《"国风版"纸艺小品的创意设计与制作》为例

闵行区教育学院　刘至宁

六年级《劳动技术》（上海科教版）第一单元《纸艺——装饰花》内容里介绍了装饰花的造型与特点，主要包括小品造型、框架造型和插花造型，但课堂教学一般是主要完成了向日葵和康乃馨的制作，但根据单元教学设计中提出的"符合课程理念原则""凸显课程目标原则""贯彻课程育人原则""关联课程内容原则"，结合师生教与学的需求，在纸艺单元设计了两课时的"纸艺小品"的设计与制作的内容。为使纸艺小品的设计制作能够达到技术规范，凸显艺术审美的最佳效果，于是设计了"国风版"纸艺小品的设计方向，与美术学科进行了跨学科联动教学，不仅意在推进劳动作品的艺术提升，更是体现国风的文化特色。

一、学习主题设定

学习主题：艺术提升意境　技术支持劳动

在纸艺小品的设计与制作中，主要引导学生在设计上体现艺术审美和情趣意境；在制作上体现严谨规范和合作创新的技术品质，引导学生在技艺中感知技术与艺术的和谐共生，体会意境与美好。

二、学习主题分析

纸艺小品的教学设计主要是依据装饰花中的框架造型的设计与制作，结合小品的背景设计，主要体现绘画和书法带来的审美意境，这里以国风意韵为主要背景设计方向；背景设计以平面设计为主，而纸艺装饰花

的制作则体现作品的立体效果和层次感，两者结合，国风版的纸艺小品则更好地呈现出"艺术提升意境 技术支持劳动"的主题效果。有了主题引领，学生在设计与制作中就会关注"平面与立体""意境与审美""虚实相结合"等设计要点，关注作品的立意与制作的精美。

三、学习核心问题

学生在设计制作中遇到的核心问题主要有以下几点

（一）国风版的背景设计需要哪些方法

国风版的背景设计主要依托于美术教学中的绘画和书法，在教学中需要为学生提供样例资源和学习资源，如整体布局、色彩搭配、国风意境的具体内容选择等。

（二）背景设计和纸艺装饰花制作的技法如何相吻合

首先背景设计与装饰花设计不是孤立的，应该是相互呼应，互相衬托

的。比如，装饰花是荷花，那背景就需要有水、水塘、荷叶、青蛙等元素与之呼应；又如，背景要设计远山、山水这样的虚化背景，那装饰花可以是树枝、树叶、兰草这样的实物作为近景。既体现个性化创意，也体现技术专长。

（三）如何在有限课时的教学中提高作品的完成度

装饰花在单元设计中，是在六年级第一单元《纸艺——装饰花》最后增加的两课时，用于对整个单元技法的综合设计创新和技术应用实践。虽然仅有两课时，但可以以小组合作的方式快速完成作品的设计与制作。小组合作一定要明确分工，任务分配可以很好地发挥学生的艺术特长和技术特长，也可以帮助个别学生顺利完成一些相对简单的"批量"制作，提高效率，提高作品的完成度。

在两课时的教学中，第1课时的教学目标主要是完成"国风版"纸艺小品的设计的主题导向，提供学习资源、完成设计草图；采用小组合作方法，明确小组分工、准备材料和工具。第两课时的教学目标是按照设计草图进行背景绘画和装饰花制作，按照小组分工有效完成作品制作任务，并进行展示交流。

四、学习结构图

本内容学习的关键流程主要是教学内容上的整体设计和学生的实践应用，这里梳理了学习结构图，用于突出课程设计的关键流程。对于教师而言，对学习主题的设定和学习资源的准备，是体现单元设计的课程设计能力，也是科学、合理选用学习资源的前提条件。对于学生而言，一方面是具备纸艺制作的技术基础；另一方面就是学生融合美学的艺术能力的体现。再就是小组合作的效率和成效。

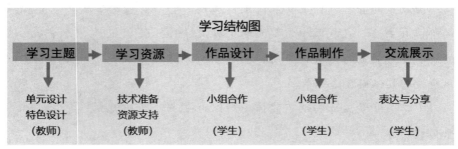

通过学习结构图，可以把握教学关键环节，挖掘课程的育人价值，探

索跨学科协同教学的育人实践。

五、学习的关键过程与学生学习表现

学习的关键过程是教学实施的主线，主要是依据教师的整体设计和学生的学习配合，只有把握学习的关键过程，关注学生的学习表现，展现学生的学习优势，才能取得较好的教学效果。学习的关键过程主要体现在：一是教师的课程设计和指导学生学习；二是学生的作品设计、制作和表达分享。

教师的课程设计主要是根据单元设计和学科特色、技术专长、跨学科协同等而进行的课程设计，并且要关注学生的学习基础、可以实现教学设计的技术准备和资源支持等前期条件。这里对应的学生学习

表现主要有学习兴趣，个性表达，纸艺制作的技术基础，对艺术审美的理解，具备绘画、书法等美术基础，对国风意境、审美意韵的理解和展现等，都可以借助这个学习过程进行前期评估，为课程设计提供参考。

教师的指导与学生的学习表现也是相辅相成。在作品的设计与制作中，教师要指导有效的小组合作，指导作品的设计、优化与改进，指导技术应用和具体制作。对应的学生学习表现主要有作品设计的国风主题

体现、草图表达、小组分工明确、快乐合作、材料选择、工具应用等，行为表现主要体现在专注投入的学习态度、严谨规范的技术品质、积极优化改进的耐心和信心等品质。

关注学生的学习表现，也可以结合学习评价来指导学生在作品展示环节的交流与表达。通常利用"学习单"来进行指导作品评价的展示与交流，见下表：

核心素养	评价项目	自评 （1~5分）	互评 （1~5分）
劳动观念	懂得劳动创造美好生活的乐趣，感知美，创造美		

续表

核心素养	评价项目	自评 （1~5分）	互评 （1~5分）
劳动能力	1.主题体现（主题明确、背景与纸艺匹配度高、设计优美）		
	2.技术制作（材料应用合理、工具使用严谨规范、效率高）		
劳动习惯和品质	小组合作（任务分工明确、快乐合作、团队意识强），珍惜劳动成果		
劳动精神	作品呈现（造型美观、体现意境、技术细节到位）体现精益求精的工匠精神		

学生作品展示：

六、实施效果与反思改进

从课程设计到教学实施，都极大地调动了师生的积极性和学习情趣，是一个体现学生综合技术应用的学习项目，学生呈现的作品高于目标预期，而且体现了劳动技术学科与美术学科的跨学科协同。学生在学习表现上，体现了学生的艺术气质、技术品质和文学情怀，又发挥了学生的技术专长。在小组合作上，如何做到任务分工明确，如何做到制作的高效率？一是组员间的密切配合，彼此宽容；二是教师要深入小组的合作分工，帮助小组调动每一个组员的积极性，及时督促每一个组员按计划完成各自任务。指导学生完成的优秀作品具备一定数量后，设计了年级作品展示，又拓展到多年级的劳动技术学科作品展示和活动展示，形成了浓厚的校园学科氛围。

设计并实施这样的项目式学习，需要教师对课程的深入理解和灵活设计，课下需要做一定量的教学准备工作，如果是教师个人完成需要投入较大的时间和精力，建议以备课组为单位，多位教师配合协作，共同备课，同做资源准备，共享课程，共赢教学成果。

校园劳动作品展示：

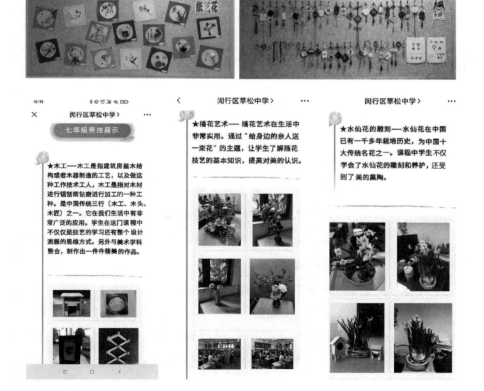

（备注：以上图片资源由闵行区莘松中学春申校区提供）

【教学案例2】

劳动课程《挖嵌向日葵》是堆绣技艺的校本课程，堆绣是一种运用"剪""堆"技法塑造形象的特殊艺术。从技法上又分为"剪堆"和"刺绣"两种。采用各色丝绒布镶嵌刻在有绘制图案的白色底版上，有较强的立体感，故有一种浮雕的效果，既写实又逼真，具有装饰画韵味。

此课程由美术学科教师兼任，因堆绣艺术在教学中，更注重创意设计、材料工具使用、技术操作与技术流程，又是传统非遗文化中的一种，更是源于教师的热爱，所以一直有1～2名教师参与课程的建设与教学实践，并作为劳动课程中的大单元校本课程一直在开展教学。在2022年《义务教育劳动课程标准（2022年版）》颁布以来，学校把堆绣技艺的课程直接纳入劳动课程体系，使教师在教学中更加注重对学生进行劳动教育和劳动核心素养的培育，同时结合区级"美劳"共育的主题教研，开展了更为深入的学科研究与教学实践。

传统工艺制作——挖嵌向日葵

执教者：戴晓芸	学校：闵行区诸翟学校
课时数：1课时	教学对象：四年级学生
学情分析	学校四年级学生本学期刚开始学习堆绣课程。在此之前对传统工艺的加工工具和加工技能仅限于一些纸工的剪贴和简单的折粘，部分学生运用剪刀裁剪还无法达到边缘光滑平整，对刻刀的运用也有待加强。个别学生对劳动技能课程的重视和兴趣不足，上课制作时较懒怠或无法全程参与。这些问题都是我在设计教学活动时和确定教学目标时考虑的方面
本项目的整体构思	本单元教学重在培养学生在学习和活动体验中，主动发现问题，产生需求；在选择材料、加工制作和评价交流等技术过程中，培养学生的动手能力和学科素养。本课教学内容设计由浅入深、循序渐进，促使学生通过观察与探究，提高学习的主动性和解决问题的能力；并在制作过程中，促使学生学科思维的养成

续表

教学目标	1.知道花瓣与花心的结构，学会制作并能挖嵌。 2.在观察、思考、探究中，通过划刻、裁剪、挖剪、嵌刻的方法，制作向日葵。 3.培养学生劳动精神和探索事物的兴趣，从中体会劳动创造的美好和制作带来的乐趣		
教学重点：完成向日葵的制作			
教学难点：精准剪刻需挖剪的布料尺寸			
教学器材：向日葵作品、布料、剪刀、刻刀、kt板、多媒体课件等			
教学过程			
教学环节	教师活动	学生活动	活动意图
欣赏与导入	1.展示优秀作品，要求观察图案。 提问：发现什么不同？ 2.出示课题——挖嵌向日葵 	1.学生欣赏作品，发现作品的美，发现制作技法的不同。 2.学生明确学习内容	作品展示激发学生创作兴趣。观察中引导学生主动观察思考，初步认识挖嵌作品

续表

教学环节	教师活动	学生活动	活动意图
活动1：思考与讨论	1.展示向日葵、郁金香作品，对比与讨论。 2.教师提问：如何制作向日葵花蕊与花瓣？ 3.教师按照学生方法投屏制作，并讨论。 ①先做花瓣——无法确认花蕊位置。 ②先做花蕊——可以制作花瓣。 4.介绍堆绣技法——挖嵌。 复杂作品中运用频繁，对挖剪尺寸要求严格	1.认真观察及思考，小组讨论发言：结构更复杂，画面更美观。 2.学生思考发言：先做花瓣再做里面花芯、先做花芯再做花瓣等。 3.观察教师制作，发现问题并讨论解决。 4.学习挖嵌技法	在尝试与交流中，对向日葵内部结构产生探究意愿。通过问题提出和解决，理解制作结构的先后。培养学生积极求知的精神。感受和传承中华传统工艺之美

教学环节	教师活动	学生活动	活动意图
活动2：观察与学习	1.教师投影示范，讲解制作要点：先嵌刻花蕊，然后外部花瓣全覆盖，再挖剪出花蕊。挖剪尺寸必须小于内部图案，才能留有足够布料嵌刻板内。 2.制作枝叶，最后刻刀修整布料，边缘要求无毛边。 3. 记号笔绘画 	1.仔细观看教师示范，学习挖嵌技法的制作步骤及要求。 2.学习布料整理。 3.学习记号笔绘画细节图案	学生进一步感受技法、学习技法。学会图案制作与布料尺寸息息相关，图案配色与布料整理提升画面美感

续表

教学环节	教师活动	学生活动	活动意图
活动3：制作与指导	1.出示制作要求： ①布料配色。 ②向日葵结构制作顺序。 ③挖剪尺寸需小于花蕊。 ④整理布料。 ⑤工具使用需规范。 2.教师巡视指导。 3.循环播放制作视频	1.明确制作要点。 2.积极动手制作	强化学生操作安全意识。在实践操作中，提升学生的主动性和动手制作能力
活动4：交流与评价	1.邀请学生展示作品。 2.教师鼓励性评价。优秀作品兑换"使觉币"	1.参考评价表完成自评、互评。 2.欣赏同学作品 	在评价中提高学生语言表达能力，懂得珍惜自己和他人劳动成果。逐渐形成品质意识和精益求精的劳动品质，体验劳动创造价值的成就感
板书设计	嵌刻向日葵 { 画面呈现——布料色彩搭配更美观多样化 结构——先内部制作再外部覆盖 挖嵌技法——挖剪——挖剪尺寸小于内部图案		

点评：诸翟学校戴晓芸老师长期以来开展堆绣技艺的劳动课程，从走进堆绣、堆绣课程背景、课程理念与目标、课程设计与实施和课程展示与评价五个方面展开，把堆绣作为学校特色劳动课程、区域文化课程和学校培育课程，将传统工艺与德育相结合，培养学生热爱劳动、认真负责、具

备基本劳动技能等核心素养。在堆绣劳动课程中，学生通过学习制作技能和方法识读并设计图样，制作具有实用性、技术性和审美性的作品。在手工劳动技能的养成中，培养新时代"工匠"精神和民族自豪感。

（上海市闵行区教育学院课程教研员　刘至宁）

点评：对于闵行区所开展的"美劳"共育作品和课程表达高度的赞许，分别对戴老师的课程进行三个方面点评。劳动的项目在色彩方面体现美育特色，剪贴嵌等加工技法体现劳动特点。课程是一门跨学科课程，同时也是非遗传承课程，项目载体的选择是堆绣艺术，作品具有实用性和装饰性的同时，体现了劳动课程及创意设计和动手实践的特性。其展示过程中，学生的劳动观念发生转变，体现了劳动的价值，让学生尊重劳动并崇尚设计与制作，从一到八年级都有这样的课程，课程具有整体性、特色性、层次性，围绕劳动课程"群"形成劳动资源的整合，体现新课程改革的方向。学校搭建良好平台，也能够促进学生劳动教育的长期发展。

（上海市松江区教育学院劳动课程教研员　许建华）

【教学案例3】

食品雕刻——姓氏章的设计与制作2

执教者：胡晓翠	学校：上海交通大学附属闵行马桥实验学校
课时数：1	教学对象：六年级
教材版本：上海科技教育出版社	归属任务群：烹饪与营养、传统工艺制作
单元内容	《食品雕刻——菜肴盆饰》由基本雕刻材料特性、工具、基本技法和菜肴盆饰的设计与制作组成。在《义务教育劳动课程标准（2022年版）》任务群中属于烹饪与营养，要求用简单的炒、煎、炖等烹饪方法制作2～3种家常菜，参与择菜、洗菜、烧菜、装盘的完整过程。本单元学习基础的雕刻技能

单元内容	和方法，根据果蔬的特性来设计围边，认识食品雕刻在饮食文化中的作用。本单元通过实物观察、体验来引导学生学习并掌握切、削、刻、戳等基本雕刻技能，增强学生食品雕刻能力，综合运用基本技法来进行主题设计与制作，体验食品雕刻乐趣，感知菜肴盆饰在中国饮食文化中的作用，形成劳动观念，运用到家庭生活中，丰富学生劳动精神
本项目的整体构思	核心素养：树立为家人服务的劳动观念，弘扬工匠精神，初步形成传承中华优秀文化的意识，初步形成创新的劳动精神。 单元课时规划： 认知食品雕刻（2课时）：1.认知食品雕刻；2.认知食品雕刻工具 食品雕刻的基础技法（3课时）：3.月牙花瓣与木梳花的制作；4.食品雕刻——姓氏章的设计与制作1；5.食品雕刻——姓氏章的设计与制作2（本节课） 动物食品雕刻（2课时）：6.食品雕刻——十二生肖的设计与制作1；7.食品雕刻——十二生肖的设计与制作2 国风——菜肴盆饰设计与制作（3课时）：8.国风——菜肴盆饰设计与制作1（认知与欣赏）；9.国风——菜肴盆饰设计与制作2（设计与绘制）；10.国风——菜肴盆饰设计与制作3（制作与组装） 《食品雕刻——姓氏章》选自六年级第三单元《食品雕刻——菜肴盆饰》。在教学基本要求中，要求开展不同果蔬原料雕刻的实践活动，掌握并学习戳的加工方法。以土豆为食品媒介进行雕刻技术体验，学生学会运用U/V形刀进行

本项目的整体构思	戳、刻的加工技能，逐步推进基础加工技术的衔接，引导学生能够独立操作并完成，掌握雕刻技法。《食品雕刻——姓氏章》本节课将篆刻艺术与雕刻技术的有机融合，融合篆刻的艺术美感来丰富创新劳技课程的作品形态。通过技法的转换，使其在发挥美的形式下，结合劳技的加工工艺，促使学生在学习过程中融创两门学科的核心素养，优化课程内容，感受中国传统文化所带来的技术之美。 学情分析：学生在上节课中已经认知篆刻艺术的艺术形态和呈现方式，绘制并完成姓氏章的图案表达。本节课将图纸的图案雕刻在雕品上，熟练掌握U/V形刀的技法和使用方法，引导学生能够独立操作并逐步完成作品制作

第 2 课时

教学目标	1.学生进一步理解并掌握U/V形刀的使用方法和加工技能，了解篆刻艺术并学会用阴刻、阳刻的加工形式制作姓氏章。 2.通过实物观察U/V形刀，了解并理解U/V形刀的加工工艺和操作方法。欣赏土豆艺术雕刻的图片，感知土豆雕刻的艺术呈现。以土豆作为载体，结合教师讲解和视频示范制作，进一步学会用土豆制作姓氏章，在实践体验中运用所学相关知识进行创作与表现。 3.学生具有较为成熟的食品雕刻制作能力，养成规范用刀的习惯，增强用刀安全意识。融合艺术的形式来美化制作，体验劳技的乐趣

教学重点：熟练运用U/V形刀，掌握戳的加工技能，学会制作姓氏章

教学难点：运用阴刻和阳刻的艺术形式进行雕刻并制作姓氏章

教学资源：电脑、多媒体课件、土豆、平口刀、U/V形刀、桌布、书签、颜料、砧板

教学过程

教学环节	教师活动	学生活动	活动意图
导入	1.复习阴刻和阳刻技法。 2.邀请学生展示自己雕刻的设计构图及设计想法。 提问：在设计过程中选择何种方式阴刻或阳刻？并如何在雕品中进行加工制作表达	1.尝试回顾知识重点。 2.进行上节课的设计构图作品展示并交流自己的作品制作想法	1.回顾上节课的知识要点，展示分享设计图。 2.引出本课制作内容，激发学生兴趣
新授	1.通过让学生观察桌面工具篮中的工具，分别说出U/V形刀的加工工具名称。引出槽口刀的加工工艺：戳，并规范其操作方法。 2.观察工具篮中的材料，引导学生回答土豆食材的特性，欣赏不同加工技能所制作的土豆雕刻艺术作品 	1.观察桌面工具，感知U/V形刀的工具实物。学习槽口刀的加工工艺和操作方法。 2.思考回答土豆的特性，欣赏土豆雕刻艺术作品	1.认知戳的加工工艺和操作方法。 2.认知食材的特性并欣赏所制作的作品

教学环节	教师活动	学生活动	活动意图
学习活动1	通过自制视频和图片，让学生观看教师制作阴刻和阳刻姓氏章的制作过程，运用不同雕刻方法，归纳制作步骤	认真听教师讲解，记录要点，并回答老师提问	明确制作步骤是开展实践的基础。教师技术示范，突破教学重点
学习活动2	1.制作 （1）明确设计构图。 （2）运用平口刀将土豆切开，思考印章的形状，将其修整为圆形、方形或其他形状。 （3）运用N/V形刀初步戳出设计图的轮廓，保证姓氏完整的笔画。注意笔画的清晰。 （4）运用U/V形刀平推或斜推进土豆，根据设计构图将笔画内或笔画外的部分进行去除。深度为5mm左右。 2.印制 印章均匀粘取颜料，在书签上进行印制	认真听教师讲解，并记录要点，回答老师提问	通过问题设计，与学生交流，检测学生的学习情况，同时帮助学生强化技术要点

教学环节	教师活动	学生活动	活动意图
学习活动2	总结整体操作流程和操作重点。提问及学生回答。问题设计： 1.在姓氏章制作中，姓氏章的形状造型和文字体现分别对应何种加工方法。 2.在姓氏章制作中，刻制厚度的范围越深雕品的呈现效果如何？		
实践体验	1.分发材料和工具，强调工具的安全使用 2.以小组为单位进行制作，发挥小组合作的团队精神。 3.制作过程中进行指导，解决学生技术问题	1.认领材料和工具，安全操作。 2.按照步骤来进行操作。 3.动手制作，体验制作的技术流程，学会运用U/V形刀，掌握"戳"加工技法，制作完成姓氏章	按照步骤，体验并完成姓氏章的制作

续表

教学环节	教师活动	学生活动	活动意图
作品展示与交流评价	1.将作品粘贴到黑板上进行展示，引导学生从加工工艺、加工流程和整体造型三个评价标准来开展学生与学生之间作品交流活动，共同选出最佳阴刻和阳刻的作品，调动学生积极性。 2.引导学生探讨操作中的问题，共同解决技术难点。 3.布置课后任务，巩固新知	1.主动分享技能体验和创作的想法。 2.发现制作难点，归纳解决方法。 3.完成小组学习评价单	形成安全和规范的操作方法和意识，在展示与评价中巩固加工工艺的认知，引出工艺制作在生活中的应用
板书设计	食品雕刻——姓氏章的设计与制作2 阳刻 阴刻 } 设计构图 → 雕刻 → 印制 　　　　　　　　　　　　形状　　图案 　　　　　　　　　　　　戳		

点评：首先对胡晓翠老师的本节课教学表示认可，并基于在新课标下从劳动技术到劳动课程的转变做出以下方面的点评：提出技术与劳动的关系转换变化，劳动课程不再以技术学习作为量化要求，希望技术作为学习过程的支撑力量，不是为了技术学习作为主要目的，而是通过技术支持来完成劳动任务，技术支持劳动，评价体系发生变化；胡晓翠老师的本节展示课，学生实践作品体现了学生劳动中的多样性、创造性；学生在劳动实践中反思的转变。虽在评价过程中教师的科学性评价略欠缺，有待提升，但给予了学生与学生之间相互评价和思考的空间，课程实现了从劳动技术

到劳动的方向性和思想性变化。其次，对闵行区本次主题为"劳动技艺支持教与学方式的变革"的教学展示活动给予肯定，从教学内容组织、人员组织和资源组织三个方面，闵行区劳动课程的内容组织架构呈现出新课标的教学理念，体现了"美劳"共育的区域性教研特色。

（上海市教师教育学院（原上海市委教研室）劳动课程教研员　管文川）

【教学案例4】

走进布贴画的世界——设计与制作2

单元来源	六年级第二学期第四单元《布艺——笔袋》	教材版本	上海科技教育出版社
执教学校	上海交通大学附属闵行马桥实验学校	执教教师	胡晓翠

【课时】1课时

【教学目标】

1.了解布贴画的艺术形式，理解布艺作品设计的一般加工流程。认知裁剪图并掌握裁剪图的规范化绘制。学会运用布贴画草图进行分析并完善裁剪图，养成规范化制图的意识。

2.通过视频、图片来欣赏了解布贴画的艺术形式。运用图例来演示讲解裁剪图的要求和设计，掌握布贴画的裁剪图，在实践体验中运用所学相关知识进行创作与表现。

3.学生进一步形成裁剪图的能力和意识，能够养成规范制图的习惯。通过交流分享，增强学生的设计思维的运用和创新精神。运用布艺作品来装饰生活，提高学生的动手能力和审美意识。

【教学重点】理解布艺作品的一般加工流程，识读裁剪图，学会剖析草图并绘制裁剪图。

【教学难点】在绘制裁剪图中，解析草图中的零部件及合理设置零部件的遮挡关系，掌握规范制图的要素。

【教学资源】电脑、多媒体课件、画笔、图纸。

【学情分析】学生在布艺单元中已经学会基本针法并进行了实践操作，掌握了回针、攻针、缲针、锁针的加工技能。上节课主要进行四种针法的综合运用和制作文字条幅设计的创作。本节课结合上节课内容来进一步引导学生熟练掌握裁剪图的绘制方法，感受布艺的流程设计。

【教学流程与活动】

教学过程			
教学环节	教师活动	学生活动	活动意图
导入	观看《布贴画》的视频，视频中，老艺术家们是将布制作成什么艺术形式？	观察分析视频，尝试解读视频中的艺术形式	承接上节课的文字布艺制作，感受布艺作品所展现的艺术呈现
新授	通过布贴画的概念和赏析布贴画的图片，总结布贴画中美术语言特点，思考布贴画的制作方法，从而引导学生尝试总结布艺设计的一般方法：设计构图—布料选取—裁剪制作。		

续表

教学环节	教师活动	学生活动	活动意图
新授	通过"布老虎样板图",让学生认知裁剪图的呈现形式。再以不同的绘制图引导学生思考并归纳裁剪图所包含的要素(零件、尺寸、加工工艺)及其正确的表现形式。 (此图来源于上海科教版六年级《劳动技术》教材)	1.感受布贴画艺术形式带来的多样性,形成对布贴画的基础认知。 2.根据设计样板图,认知裁剪图,归纳总结出其设计要素	引导学生自主思考并归纳布艺设计制作步骤,了解布艺作品设计的一般方法,为后续的实践操作做铺垫
学习活动	体验并制作以"上海印象"为主题的布贴画裁剪图,采用学生作品来进行裁剪图的绘制,引导学生根据所绘画的作品进行裁剪图的分析绘制。	认真听教师讲解,记录要点,并回答老师提问	明确制作步骤是开展实践的基础。教师技术示范,突破教学重点。

教学环节	教师活动	学生活动	活动意图
学习活动	总结整体操作流程和操作重点。提问学生回答。 问题设计： 裁剪图包含的要素有哪些？ 		通过问题设计，与学生交流回答，用于检测学生的学习情况，同时帮助学生强化技术要点

续表

教学环节	教师活动	学生活动	活动意图
实践体验	1.分发材料和工具，强调裁剪图的前后关系绘制。 2.绘制过程中进行指导，解决学生技术问题	1.认领材料和工具，安全操作。 2.个人对自己的设计图进行剖析	按照自己设计的草图进行剖析裁剪图
作品展示与交流评价	1.结合画面设计、裁剪图要素、加工工艺三个评价标准来进行评价，鼓励学生自主进行点评作品。 2.引导学生探讨操作中的问题，形成规范的裁剪图要点，引出工艺制作在生活中的应用。 3.布置课后任务：改进、完善自己的布贴画设计，绘制裁剪图；收集不同材质、色彩、质感的布料，选取符合主题的布料	1.主动分享技能体验和创作的想法。 2.发现制作难点，归纳解决方法 	在展示与评价中进一步提升对加工工艺的认知，引出工艺制作在生活中的应用

学生优秀作品（图2-2-15）：

图2-2-15 "抗疫"主题布艺作品——致敬"白衣战士"

点评：2022年5月19日，上海市松江区教育学院许建华老师在线上教研活动中对本节课作了专家点评，她高度肯定了这节课，认为是一节教学目标明确，教学环节流畅，教学方式多样的优课。她还从项目载体选择和设计制作主题两个方面充分肯定了这节课的价值。她认为布贴画作为技术与艺术融合的项目载体，体现了非遗传统文化的传承和发扬，符合新颁布的劳动课程标准中积极开展传统文化保护和传承的要求。她还认为这节课的"上海印象"设计制作主题贴近生活，体现了当下抗疫的积极、乐观、团结的思想品质，传递着正能量。许老师也在建议中指出，在问题设计中指向性可以更加明确、更加具体；在学生分享、交流、评价后，教师可进一步提炼并总结设计与制作的要素，便于后续更好地引导学生优化设计并探究实践。

综上案例可见，"美劳"共育在劳动课程中的体现，更多的是达成技术规范、制作耐心严谨、设计与表达兼具创意与艺术之美、作品更靠近艺术品的教学目标，使劳动作品更能体现技术精益求精、作品富有艺术气息和人文色彩、体现传统文化等方面的技艺特征，从而使学生在培养劳动观念、劳动能力、劳动习惯和品质、劳动精神等劳动素养中，更高阶地实现综合素养的提升。

五、"美劳"共育主题下劳动课程大单元设计研究

在区域教研共同体构建的过程中，从区域教研共同体中又根据教师的技术专场、研究兴趣与愿景、劳动课程的共同性或互补性又分化为中小型教研共同体或微型教研共同体，大家对劳动课程教学有着共同的目标或相似的教学环境，或是在教学经历上或职业发展上有着相近的发展途径，教师会自发组建小微教研共同体，在区域教研共同体的带动下，教师也开始了学科的个性化研究，加强了教师间的互动性研究和合作性研究，但又各自保持教师自身气质和学校教学特色。

（一）研究背景

在"美劳"共育主题教研的引领下，即在艺术审美视角导向下，教师将劳动课程中有关艺术审美元素融入的内容进行了针对性梳理，整理了相关的单元设计，不仅在教研共同体中作交流展示，同时也在区级教研和跨区教研中都做了相应的交流展示，辐射到更多区域的教师，为教师提供劳动课程建设、开发及教学研究中的参考。

特别是美术学科教师兼职劳动课程教师，在专业上有着美术学科的专业优势，又在劳动课程中希望学生设计制作的作品更具美学意义，于是美术兼劳技学科的教师对"美劳"共育主题教研特别感兴趣，部分教师根据地域就近原则或研究方向一致原则等，自发组织了小微教研共同体，开启了在现有教材教学内容和校本劳动课程中有关渗透艺术审美元素的大单元设计，充实和补充更为丰富的教学内容。

（二）要素提炼

劳动课程要培养的核心素养，即劳动素养，主要是指学生在学习与劳动实践过程中逐步形成的适应个人终身发展和社会发展需要的正确价值观、必备品格和关键能力，是劳动课程育人价值的集中体现，主要包括劳

动观念、劳动能力、劳动习惯和品质、劳动精神。^①核心素养体现学生的劳动情感、劳动行为和综合劳动能力，是体现课程育人导向的总方向，所以核心素养的培育要纳入其中。根据对《中小学劳动技术单元教学设计指南》的研读，要把握单元、单元教学和单元教学设计的主脉络，在其提炼的单元规划、单元教材教法分析、单元教学目标设计、单元学习活动设计、单元评价设计、单元资源设计的基础上，对其中各项目的属性表和示范案例进行了分析和研究，选取其中主要的单元架构元素和能反映"美劳"共育学科理念的元素作为提炼要素的依据。

结合《义务教育劳动课程标准（2022年版）》和《中小学劳动技术单元教学设计指南》的综合研究，为便于教师提炼和梳理，经区域教研共同体多次教研讨论，以"减负增效"的形式，梳理出具有"美劳"共育教学特色和便于教师实操的单元设计框架，并在此基础上，教研共同体中的成员可以进行独立完成设计，也可以进行同类别的联合教研设计，最终开发并呈现出具有参考价值的大单元设计框架（表2-2-3）。此单元设计框架不仅可以用于"美劳"共育主题下的教学研究，还适用于其他教研主题下的大单元设计，比如跨学科协同、信息技术支持下的互动性活动设计、精准教学等方面的大单元设计，深受教师的欢迎。

表2-2-3　大单元设计框架

单元名称		单元课时	
所用教材			
所属任务群			
新课标 核心素养			
单元教学目标			
单元教学重、难点			

---

① 中华人民共和国教育部. 义务教育劳动课程标准（2022年版）［S］. 北京: 北京师范大学出版社，2022.

美劳共育教学理念			
单元课时 整体安排	课时	内容	备注
	1		
	2		
	……		
单元学习 活动设计	活动类型	活动流程	
	○创设情境 ○认识材料 ○使用工具 ○设计表达 ○加工制作 ○评价交流		
"美劳"共育 学习活动设计	活动1:		
	活动2:		
	……		
学习活动评价			
设计者	学校+姓名		

此大单元设计表，经小微教研共同体到区域教研共同体成员的讨论修改后，也向全区劳技教师进行了宣传和动员，逐步推广研究成果，并在区域教研中形成"美劳"共育为主的大单元设计的学科氛围，从而推动全区劳技教师积极开展劳动课程研究和相关教学研究。

（三）单元设计研究典型案例

根据以上提炼要素，将单元设计进一步梳理，并设计成表格的形式便于单元设计与架构，更好地帮助教师进行单元设计研究。这里提供区域教研共同体成员和小微教研共同体的两篇劳动课程的大单元设计，主要从学科核心素养、单元目标、"美劳"共育教学理念、单元规划、学习活动设计及活动评价设计为主要研究架构，了解一下教师在教研中的思考和收获。

【单元设计1】

小学四年级、五年级 《寻味清明——青团制作》

单元名称	寻味清明	单元课时	4
所用教材	舌尖上的四季——春		
所属任务群	烹饪与营养		
新课标 核心素养	劳动观念： 能正确认识烹饪劳动的价值，形成热爱劳动、尊重普通劳动者的观念		
新课标 核心素养	劳动能力： 1.能用简单的烹饪方法（以蒸为主），满足自己基本的饮食需求。 2.能正确使用电磁炉这种常用小电器，完成劳动任务。 3.形成生活自理能力，初步建立健康饮食的观念		
	劳动习惯和品质： 1.具有安全劳动、规范劳动的习惯品质。 2.具有初步的食品安全意识。 3.养成自觉自愿、团结合作、珍惜劳动成果等品质		
	劳动精神： 1.继承中华民族勤俭节约、敬业奉献的优良传统。 2.感知爱岗敬业、敢于奉献的劳模精神		
单元教学目标	知识与技能： 1.了解清明节气的相关民俗活动，并动手实践。 2.学会电磁炉的正确使用方法。 3.学会青团的制作方法，并在此基础上进行主题设计与实现		

单元教学目标	过程与方法： 1.通过技能体验的活动，增加对节气文化的了解，明白节气是古代劳动人民智慧的结晶。 2.通过制作青团，掌握简单的面点加工方法。 3.通过主题设计，完成有创意的面点拼盘
	情感态度与价值观： 1.养成规范使用小家电的习惯。 2.能正确认识烹饪劳动的价值，形成热爱劳动、尊重普通劳动者的观念。 3.能利用手边的食材完成主题设计，提升生活品位
单元教学重、难点	重点： 1.了解清明节气，传统风俗以及节气背后的劳动内涵。 2.学习青团的制作方法
	难点： 能够利用设计图表达自己的构想，并根据主题完成创意作品
"美劳"共育教学理念	1.作为"烹饪与营养"任务群内的系列活动，以青团的制作方法为基础，让学生在掌握基本面点技法后，利用设计草图完成主题构思，在方形或圆形纸盘上进行整体的造型设计与色彩搭配，充分发挥学生的审美与构图能力，并最终用手边的食材来制作。 2.在整个实践活动中，既有劳动技能的习得与运用，也与艺术美的创作紧密结合，利用不同的工具、材料和媒介，按照自己的想法，以平面、立体等表现形式表达所见所闻、所感所想，以视觉形象的方式与他人交流

续表

	课时	内容	备注
单元课时整体安排	1	了解清明节气的由来和传统民俗，并在此基础上挖掘节气背后的劳动智慧	
	1	学习电磁炉的使用方法，并规范操作，学习青团的制作	
	1	学习青团的制作方法	
	1	利用各种果蔬汁制作的彩色团子，设计主题拼盘	
单元学习活动设计	活动类型	活动流程	
	☐创设情境 ☐认识材料 ☑使用工具 ☐设计表达 ☐加工制作 ☑评价交流	明确设计主题→确定造型→选择相应的食材→青团的加工流程→评价与交流	

美劳共育 学习活动设计	活动资源	☑教具 ☑学具 □作品 □媒体 ☑其他（请罗列）_____
	活动地点	☑普通教室 □专用教室 ☑场馆 □其他 （请罗列）创新实验室
	活动水平	□做什么（内容）□怎么做（方法） □为什么（原因）□做得如何 （评价）
	活动内容	作为本单元的最后一个活动，将以创意团子为引入情景，以美食的传统评价"色、香、味、形、意、养"为标杆，学生尝试从口味、形状、颜色、组合等方面思考创意方案，尝试用手边不同的材料与工具，制作出富有寓意、五彩缤纷、饱含创意的团子拼盘。从观察手边材料，到制定方案，再体验方案物化过程中的复杂性和创造性，最后评价展示

续表

	评价内容	评价标准
学习活动评价	主题构思	学生能够结合手边的材料，根据当时的所思所感，明确拼盘的设计主题
	设计表达	学生能够通过平面设计图表达出自己的创意构思
	工艺制作	学生能够运用青团的制作方法，完成彩色团子的制作
	交流评价	学生能够在小组合作中，充分表达，并以课堂评价为标准，对作品进行自评、互评等
	作品成果	通过电子书包的方式拍照汇总，集体展示
设计者	上海市闵行区七宝镇明强小学　蒋洁	

点评：《寻味清明——青团制作》的单元设计，注重生活劳动与传统节日、四季节气相结合，创设出符合节气气氛又非常应景的劳动课程，课程内容包括对传统文化的了解、对四季节气的学习、对传统美食的了解和对传统美食进行加工制作，体现了浓厚的传统文化气息，同时将生机勃勃的春天和"一年四季在于春"的蓬勃向上的生命气息带给学生，又在加工制作青团的过程中学习劳动方法，提升劳动能力，体会劳动意义，将劳动教育、学科德育、生命教育都很好地融合在一起。

建议：本课程还可以和咏诵春天与清明节日的诗词歌赋、散文赏析、讲故事、设计与绘画等形式进行多元开展，植入更为浓厚的人文气息，所谓"腹有诗书气自华"，劳动课程的育人目标和教育境界，可以"志存高远"，立意更高，内容更丰富，劳动讲究情怀，育人追求境界。可以将劳动课程与校园活动进行整合开展，进一步提升劳动课程的丰富内涵。课程的实施既可以"短小精悍"，也可以"丰富多元"，值得借鉴与推广。

【单元设计2】

初中六年级《纸艺——装饰花卉》

单元名称	纸艺——装饰花卉	单元课时	14
所用教材	上海科技教育出版社		
所属任务群	传统工艺制作任务群		
新课标核心素养	本单元目的：让学生了解纸艺花卉的造型特点，学会规范使用加工工具，掌握运用加工工艺的方法，理解花卉设计的设计流程和加工过程，形成规范劳动的习惯和品质。本单元侧重培养学生对纸艺花卉的设计思维和设计表达，提高在具体操作中根据设计草图体现技能实现、问题解决、创新及审美意识的能力，在制作中增强劳动能力，感受纸艺传统工艺下的工匠精神		
单元教学目标	学情分析： 本单元是初中学段劳技"纸艺花卉"学习的提升阶段。 六年级的学生，在小学阶段已经基础学习过纸艺制作的正反线、拼贴等知识，对与纸艺的制作方式有一定了解和体验，能够较好地使用铅笔、油画棒、水彩画等色彩工具进行描绘，进行纸艺作品的交流分享和创作。但对加工技能和设计流程认知并不全面，有待加强用专业性的方法技能和设计思路来分析与探究纸艺花卉。具有一定的动手能力，能够良好地协调工具和组织制作成品。在创作中学生更多能展现专业性的加工技能，更多通过组合运用来制作自己的作品，呈现作品的创作思路与视觉美感。 知识与技能： 1.了解常用纸质材料的特性与用途。		

单元教学目标	2.知道剪刀、美工刀、尖嘴钳等常用纸艺加工工具的零件与用途，初步学会常用纸艺加工工具等安全使用。 3.知道纸艺花卉的镂空、折叠、弯曲、加皱、染色、捻梗的造型特点。 4.学会纸艺花卉的镂空、折叠、弯曲、加皱、染色、捻梗的加工方法。 5.理解纸艺花卉的一般设计流程，学会设计构图。 6.运用设计构图与加工方法，根据主题设计并绘制装饰花卉模版，完成主题创作。 过程与方法： 1.在观察、触摸、比较、练习中，归纳不同的纸质材料、加工工具的特点与用途。 2.在向日葵体验制作中，学习镂空、折叠、弯曲的加工方法。 3.在康乃馨体验制作中，学习加皱、染色、捻梗的加工方法。 4.通过视频、图片、演示、练习，分析并总结纸质花卉的一般设计流程。 5.围绕四季主题来进行设计构图，以小组为单位合作制作装饰花卉主题创作。 情感、态度和价值观： 1.养成安全使用加工工具等习惯，有意识地形成安全意识规范。 2.纸张循环利用，养成爱纸、惜纸的意识和习惯，形成环境保护意识。 3.关注纸艺的文化传承，弘扬我国传统文化，多样化呈现艺术的形式

单元教学重、难点	重点： 1.理解纸艺花卉镂空、折叠、弯曲、加皱、染色、捻梗的加工方法，学会制作康乃馨和向日葵的纸艺花卉。 2.理解并掌握纸艺花卉的设计流程。 难点： 掌握装饰花卉的一般设计和制作方法，进行独立设计与制作主题性花卉作品
"美劳"共育教学理念	纸艺是我国传统文化的一种艺术表现形式，纸艺花卉作为文化载体，是对我国文化的传承与发扬。通过技术的实现，能够在生活中展现我国的文化传承，也能提高审美意识，传承、发扬中国传统文化，提升学生情感形成高尚情操具有积极的意义。本单元目的是让学生了解纸艺花卉的造型特点，学会运用加工方法，理解花卉设计的设计流程和加工过程。本单元侧重培养学生对纸艺花卉的设计思维和设计表达，能够在具体操作中根据设计草图体现技能实现、问题解决、创新及审美意识的能力
"美劳"共育教学理念	第一层面，本单元加工技能所制作呈现出的花卉，能够让学生增强对色彩的搭配能力、组合构图形式美感，提升造型构图效果，感知装饰花卉的造型组合变化与统一之美。 第二层面，通过纸艺花卉的篇章，使得学生在自然、生活中观察到花卉带来的形式美感，将花卉与技能联系并制作，调动学生的动手能力和审美意识，拓展和发展纸艺文化，弘扬民族传统文化

	课时	内容	备注
单元课时整体安排	4	纸张的魅力 1.感受纸质材料的特点与用途 2.纸艺——撕纸艺术	认知材料

续表

单元课时整体安排	4	3.撕纸艺术——四兽图（绘制） 4.撕纸艺术——四兽图（加工与评价）	认知材料
单元课时整体安排	1	纸艺的工具与使用	认知工具
	2	"向阳而生"纸艺向日葵的设计与制作	体验加工工艺
	2	纸艺花卉——康乃馨	体验加工工艺
	1	纸艺花卉设计与创作	设计于表达
	4	四季——装饰花卉的设计与制作 1.四季花卉设计构思创作（设计与绘制） 2.四季花卉的花、叶的解析与制作 3.四季花卉的花、叶的制作与组装 4.四季花卉作品组装与展评	综合运用

续表

单元学习活动设计	活动类型	活动流程
	☑创设情境 ☑认识材料 ☑使用工具 ☑设计表达 ☑加工制作 ☑评价交流	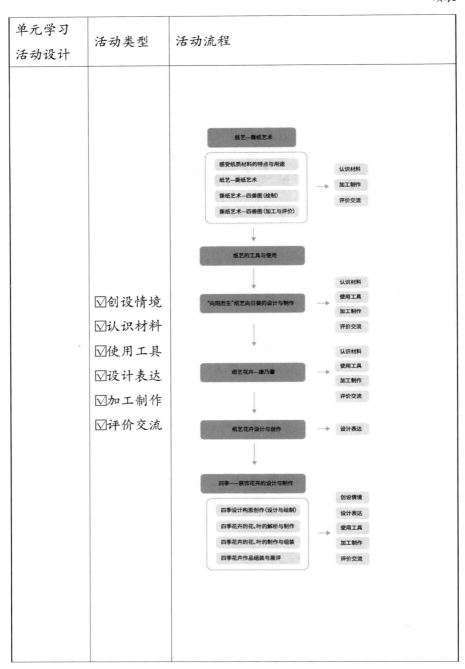

"美劳"共育学习活动设计	1.撕纸艺术 撕纸艺术是以手代刀，通过手撕、整形、粘贴而形成的民间独特传统艺术，从民间艺术相传而来，是中国民间艺术中最原始、最古老的民俗艺术之一。作为本单元的开始篇章，不借助加工工具，结合汉字和四神瓦当题材设计撕纸艺术项目式学习，逐步学习撕纸技术，体验纸张的特性，感悟纸张所能形成的艺术魅力。 2."向阳而生"纸艺向日葵的设计与制作 向日葵因永远向着太阳生长，有着向阳而生的花语，给人们带来阳光开朗、积极向上的精神。"向阳而生"纸艺向日葵项目，取自第一单元技能体验1——纸艺向日葵花盘制作，既可以让学生在制作过程中掌握折叠、镂刻、弯曲三种加工技艺，又可以通过葵花盘制作延展出整体向日葵创意造型制作，鼓励学生结合花语进行创意设计，激发学生的兴趣和想象力，提高学生的动手能力。本项目引导学生完成基础的技能加工后，拓展运用技能完成更具有完整性作品。 3."汉字之花"四季主题装饰花卉设计与制作 围绕四季主题开展小组团队制作，以四季汉字作为内容载体，要求学生从中调研、设计、制作相关主题的花卉、植物，联动学生的审美意识，激发学生设计探索的思维和制作能力，培养学生敢于想象、用于实践的创新精神，发展学生全方位学习

	活动序号	活动名称	评价观测点	评价形式
学习活动评价	活动1	纸张练习	1.积极观察并归纳纸张特点，大胆交流。 2.知道纸张材质的不同并分类归纳纸张的用途	评价主体：同学互评、自我评价、教师评价 评价途径：专业语言 评价反馈形式：作品评价、口头评价
	活动2	撕纸艺术——汉字撕纸	1.结合所学纸张基础知识，总结纸张的特点。 2.构思造型完整，合理布局，工艺表达完整	评价主体：同学互评、自我评价、教师评价 评价途径：作品赏析、制作呈现 评价反馈形式：作品评价、口头评价
	活动3	撕纸艺术——四兽图	1.结合所学纸张基础知识，总结阴阳撕法的表现形式。 2.构思造型完整，合理布局，工艺表达完整	评价主体：同学互评、自我评价、教师评价 评价途径：作品赏析、制作呈现 评价反馈形式：作品评价、口头评价

续表

	活动序号	活动名称	评价观测点	评价形式
学习活动评价	活动4	工具与使用	1.积极观察并归纳工具的结构，大胆交流。 2.学会加工工具的使用	评价主体：同学互评、自我评价、教师评价 评价途径：作品赏析、口头评价 评价反馈形式：口头评价
	活动5	向阳而生——向日葵的设计与制作	1.镂空、折叠、弯曲的造型要点和加工方法的运用。 2.花卉呈现合理，工艺表达完整，积极分享作品并交流	评价主体：同学互评、自我评价、教师评价 评价途径：作品赏析、制作呈现 评价反馈形式：作品评价、口头评价
	活动6	康乃馨	1.加皱、染色、捻梗的造型要点和加工方法的运用。 2.花卉呈现合理，工艺表达完整，积极分享作品并交流	评价主体：同学互评、自我评价、教师评价 评价途径：作品赏析、制作呈现 评价反馈形式：作品评价、口头评价

续表

	活动序号	活动名称	评价观测点	评价形式
学习活动评价	活动7	纸艺花卉的一般设计方法	1.积极观察并归纳纸艺花卉的一般设计方法，大胆交流。 2.理解并提炼一般方法	评价主体：同学互评、自我评价、教师评价 评价途径：作品赏析、口头评价 评价反馈形式：口头评价
	活动8	四季——装饰花卉	1.设计构图及制作所呈现的效果。 2.花卉呈现合理，工艺表达完整，主题鲜明，作品丰富呈现，积极分享作品并交流	评价主体：同学互评、自我评价、教师评价 评价途径：设计构图、加工工艺、制作呈现 评价反馈形式：作品评价、口头评价
设计者	上海交通大学附属闵行马桥实验学校　胡晓翠			

点评：本单元《纸艺——装饰花卉》的单元设计是基于教材内容的基础，以"美劳"共育为导向进行的大单元设计，在学习教材内容和基本技法的基础上，创设出撕纸艺术的四兽图和四季装饰花卉的设计制作，教学内容设计上极具艺术审美的视觉效果，劳动技能上体现设计、技能、作品呈现的综合性技能应用。在撕纸艺术四兽图的内容设计上，看似技法相对简单，但对学生在图案造型方面的平面思维训练、整体布局的系统思维、艺术审美的想象能力等方面的培养都起到重要的作用，是促进学生整体核心素养提升的创新类劳动课程。

建议：对于传统文化中的青龙、白虎、朱雀、玄武的"四大神兽"（又称"四象"）中的故事了解和历史文化起源，及其所代表的星宿及神话意义是非常能够体现传统文化的学习与传承的，但就名称而言，是不是把"四兽图"改为"四象图"更好？

【单元设计3】

初中八年级3D打印技术《青铜器文创总动员》

单元名称	青铜器文创总动员	单元课时	10
所用教材	校本教材		
所属任务群	新技术体验与应用		
新课标核心素养	新课标核心素养表现：掌握3D打印技术的使用方法，知道其工作原理。能根据需要使用3D打印技术设计制作简单的产品模型或原型，并独立完成产品的技术测试。在劳动中能不断追求品质、精益求精。树立劳动光荣、技能宝贵、创造伟大的观念。 新课标核心素养内容要求：熟悉3D打印技术的基本工作过程、常用参数设置、材料的适用范围等。根据设计要求制订合理的设计、加工方案或设计图样，完成应用3D打印技术进行加工、组装、测试、优化的全过程。记录3D打印技术在改变传统加工方式、降低加工成本、提高工件质量方面带来的主要变化。感受3D打印技术在生产、生活中发挥的重要作用，体悟劳动人民创造新技术的智慧		
单元教学目标	1.学生赏析青铜器，探究国之重器背后的故事内涵，用漫画创作的形式推荐一件青铜器。 2.学生学习快速成型技术，模仿一种青铜器进行建模和打印。		

单元教学目标	3.学生以小组为单位，合作设计并制作青铜器文创产品。 4.通过对作品的展示和评价，促进学生对文化、创新、产品等概念进一步的思考，提升学生对产品的创造、审美和推广能力		
单元教学重、难点	重点：学生学习快速成型技术，模仿一种青铜器进行建模和打印。 难点：通过对作品的展示和评价，促进学生对文化、创新、产品等概念进一步的思考，提升学生对产品的创造、审美和推广能力		
"美劳"共育教学理念	学生通过赏析青铜器作品，体会传统工艺作品中承载的文化和审美内涵，精益求精、追求卓越的工匠精神。学生通过新技术体验和学习，以现代视角对传统文化进行再创造，设计出具有创新性、趣味性、实用性的文创产品		
整体安排单元课时	课时	内容	备注
	2	活动1：团队集结——青铜器我"荐"	
	3	活动2：技术学习——产品我来"创"	
	3	活动3：国之重器——青铜器文创大赛	
	2	活动4：展示评价——青铜器文创产品发布会	

续表

	活动类型	活动流程	
单元学习活动设计	○创设情境 ○认识材料 ○使用工具 ○设计表达 ○加工制作 ○评价交流	创设情景	活动1：团队集结——青铜器我"荐"
		认识材料	活动2：技术学习——产品我来"创"
		使用工具	
		设计表达	活动3：国之重器——青铜器文创大赛
		加工制作	
		评价交流	活动4：展示评价——青铜器文创产品发布会
"美劳"共育学习活动设计	活动1：团队集结——青铜器我"荐" 学习目标：学生赏析青铜器，探究国之重器背后的故事内涵，用漫画创作的形式推荐一件青铜器。 引导问题：一件工艺品因何能被展览在博物馆里？ 师生活动： 1.学生填写《青铜器与文创》K-W-L表。 主题：青铜器文创总动员 关于青铜器及文创产品，我知道什么？　关于青铜器及文创产品我想学什么？　关于青铜器及文创产品我学到了什么？ 2.学生通过"云参观"的方式赏析上海博物馆的青铜器藏品。		

"美劳"共育学习活动设计	 3.教师提供案例：大克鼎名片。（图片来源：七年级第一学期《美术》（封二和第一页）（上海教育出版社）） 4.学生为自己挑选的青铜器制作名片"上海博物馆青铜器名片　学生姓名"并发到钉钉学习群里互相交流。 表格（见下方） 5.学生依据兴趣和特长进行分组，填写小组分工表。 6.学生通过小组汇报的形式向班级同学介绍本组研究的这一件青铜器（汇报形式：演示文稿和青铜器故事漫画创作）。

上海博物馆青铜器名片	
展品名称	
展品图片	
馆藏地点	
器型介绍	
纹饰介绍	
铭文介绍	
相关故事	

"美劳"共育
学习活动
设计

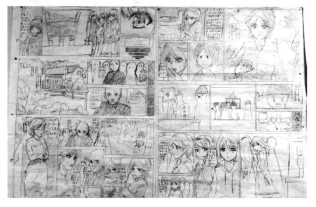

	7.汇报完成合影作为项目组集结的留念。 
"美劳"共育学习活动设计	活动2：技术学习——产品我来"创" 学习目标：学生学习快速成型技术，模仿一种青铜器进行建模和打印。 引导问题：古代青铜器铸造使用了那些工艺，现代有没有替代方案？ 师生活动： 1.学生了解青铜器传统制作工艺。 2.教师介绍快速成型技术。 3.学生通过微课自学三维建模软件inventor。 4.学生学习3D打印机的使用方法。 5.学生根据前期调研方案绘制青铜器文创产品设计原型的草图和三视图。 6.学生根据草图建模。 7.教师总结分析各小组三维建模图的可行性。 8.学生反思修改建模图。 9.学生学习3D打印机的使用方法，在教师的指导下打印作品。

续表

"美劳"共育学习活动设计	活动3：国之重器——青铜器文创大赛 学习目标：学生以小组为单位，合作设计并制作青铜器文创产品。 引导问题：如何设计并制作出具有独创性的青铜器文创产品？ 师生活动： 一、设计任务 教师发布大赛方案和产品评价量规。 二、设计论坛 1.学生以项目组为单位提交设计方案。 2.教师带领项目组分析该作品或方案的创新性、趣味性、实用性和可行性。 三、设计工作坊 1.项目小组根据修改建议调整方案，并选择合适的材料和制作方法完成产品实物制作。 2.教师根据产品评价量规对每一组学生的作品进行评价。 立体鸟纹水杯把手 设计灵感：青铜器纹饰中的小鸟纹 台式收纳器 设计灵感：盗墓笔记中的青铜树

"美劳"共育学习活动设计	 带饭神器 设计灵感：青铜器甗  鼎·椅 设计灵感：青铜器鼎 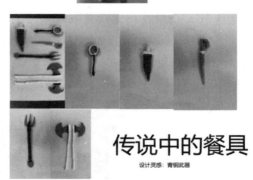 传说中的餐具 设计灵感：青铜武器
	活动4：展示评价——青铜器文创产品发布会 学习目标：通过对作品的展示和评价，促进学生对文化、创新、产品等概念进一步的思考，提升学生对产品的创造、审美和推广能力。 引导问题：我设计的产品是否有市场？

"美劳"共育 学习活动 设计	师生活动： 1.项目小组从设计灵感（原型）、设计草图、产品实物、产品文化故事、产品定位（目标群体、定价）等方面介绍产品。 2.教师评委和学生评委根据产品展示和评价量规，在年级中开展作品展示与互评活动。 3.教师发起为期一周的微信投票，选出最想购买的"青铜器文创产品"。 4.依据现场展评50%加网络投票50%的权重评价出本年度"青铜器文创作品大赛"前三名并颁发奖状
学习活动 评价	表1 青铜器文创产品评价量规 	评价 指标	完全符合 5分	比较符合 4分	一般符合 3分	比较不符合 2分	完全不符合 1分	自评	互评	师评
---	---	---	---	---	---	---	---	---
内涵度	有可靠的典籍记载或文化渊源、健康向上，陶冶情操、符合主流和时代，具有文化传承意义和传播价值、市场广阔							
审美性	形态、色彩、材质、工艺、包装等方面关联当下生活，符合当代审美特点，具有一定的流行潜力							
实用性	能在生活中广泛使用、具有多重功能；做工精细，产品质量高，定价合理，性价比高							
创意性	风格和造型具有多样性；突出藏品独特的文化特点，与藏品蕴含的文化有机结合							| 表2 青铜器文创作品 自评与互评 |	评价项目（每个项目满分5分）						总分
---	---	---	---	---	---	---	---
	作品完成度	器型/纹饰设计	设计说明	研究过程	小组合作	语言表达与体态	
第一组							
第二组							
第三组							
第四组							
第五组							
第六组								

表3 青铜器文创产品展示活动评价量规（试行）						
	评价指标	5分	4分	3分	自评	互评	师评
学习活动评价	器型/纹饰设计	保留古代青铜器经典器型/纹饰的核心特征，设计出符合真实生活场景的文创作品	参考古代已有器型/纹饰设计出适合现代生活的具有实用性的作品	模仿古代已有器型/纹饰进行类似的设计			
	作品完成度	最终作品包含设计草图、平面设计图、三维设计图和实体模型	最终作品包含设计草图、平面设计图、三维设计图/纸黏土作品	最终作品包含设计草图、平面设计图、三维设计图			
	设计说明	关于设计的产品有完整的设计理念、应用说明以及设计心得/反思，产品符合设计对象的需求，有一定的创新性	关于设计的产品有较为完整的设计理念和应用说明，产品符合设计对象的需求	关于设计的产品有一定的说明			
	研究过程	研究目标明确、研究方案合理、过程中运用文献研究、问卷调查、访谈等多种研究方法完整清晰地展示问题/需求来源、研究结论可信	研究目标明确、研究方案合理、过程中运用文献研究等方法清晰地展示问题/需求来源、研究结论较为可信	研究目标定义不清晰、无研究方案、过程中仅运用文献研究单一研究方法、研究结论草率			
	小组合作	小组分工合理，小组成员分工协作出色完成任务，并能在交流中获得新的灵感和想法	小组分工基本合理，能顺畅交流并按时完成任务	任务完成较差，没有体现分工协作精神			
	语言表达与体态	对作品的陈述不但有逻辑性，而且还很有趣味性，使听众能够理解 神情自然大方，能以眼神和听众交流，并运用体态和手势语配合表达，吸引听众	对作品的陈述有逻辑性，使听众能够理解 神情较自然，缺乏眼神交流，偶尔用到体态和手势语	对作品的陈述缺乏逻辑性，使听众难以理解 神情紧张慌乱，眼睛低垂，没有体态和手势语的配合			
设计者	上海市闵行区梅陇中学 沙越						

点评：作为3D打印技术课程，本单元的设计取材于青铜器的历史文化学习，并设定了真实的技术情境——青铜器文创，较科学地将青铜器的造型、纹饰、文化内涵等传统文化知识与文化创意、3D实体设计联系起来，这给学生一个非常广阔的学习空间，既是传承中华民族传统文化，又是在传承中不断创新、与新时代接轨的一项技术载体，将传统美、文化美、造型美、图案美等艺术审美方面的欣赏和创意都通过3D打印技术很

好地呈现出来，使学生的设计作品独具匠心，别有古风古韵。另外，学生在创意制作作品的过程中，为了呈现出预期的美感，就需要在技术上不断改进和优化，无论是软件命令的选择和应用，还是具体参数的设定和修正，再到打印成品后的打磨和改进，都引导着学生走向"工匠精神"的培育。

所以，本单元的设计，是现代技术与传统文化的巧妙"牵手"，是现代美与传统美的有机融合；再以学生小组项目创作的团队文创形式进行小组合作学习，发挥小组成员的各自优势，为文化创意的实现和技术支持的保证打造了良好的团队基础，最终使作品呈现的效果非常好。

（四）大单元设计下的劳动课程开发与规划研究

基于大单元设计的理念，结合新课标中十大任务群的课程特点，区域教研共同体中有的成员根据自身专业特长，自主开发劳动课程与十大任务群中的课程内容进行对接，既符合三大劳动体系（日常生活劳动、生产劳动、服务性劳动），也符合任务群可以实际选用、灵活设计课程的优势，同时也结合区域"美劳"共育的教研主题，对未来劳动课程的选修与开设做了研究和实践。虽然课程开发还处于框架阶段，很多技术细节处理不够完善，但足以为教师开展相关课程的教学提供有效参考，而且还可以让教师在内容难易程度、技术细节、材料与工具的选择等方面有更大的空间，可以根据学生年龄特点和学校实际情况加以个性化的取舍和利用，成为课程开发与规划中较为有影响力的课程，更有进一步研究的意义和价值。其中《灯笼的设计与制作》是研究中的典型案例。（表2-2-4）

表2-2-4 《灯笼的设计与制作》选修劳动课程规划表

所属任务群	生产劳动：传统工艺制作		
单元名称	灯笼的设计与制作		
适合年级	小学五年级	初中六年级	初中七年级
课程特点	选修	劳动课程特色项目	劳动周项目活动

素养表现	1.能根据劳动情境，设计并制作简单的传统灯笼作品，感受传统工艺劳动的智慧，感受美与艺术气息，传承中华优秀传统文化。 2.在劳动过程中发现美、体验美、创造美，并与传统文化和诗词歌赋密切联系，在劳动中进行设计、绘画、装饰等，得到美与文化的滋养，体会劳动创造美好生活的意义和价值
劳动目标	1.通过对灯笼传统文化的了解，激发对中华传统文化的热爱。 2.通过灯笼的设计与制作等学习活动，学习灯笼的结构设计、灯罩设计，结合"美劳"共育的理念，学会发现美、体验美和创造美。 3.通过LED电子技术的照明电路安装，学会识读电路图、应用电子元器件进行设计和组装。 4.完成灯笼的安装，通过作品展示活动引导学生欣赏美，学会欣赏他人的劳动成果，互相鼓励，并给出合理化建议
劳动任务	结合传统文化，设计制作一个漂亮的灯笼
劳动内涵	灯笼的寓意和来历：中国的灯笼统称为灯彩，起源于1800多年前的西汉时期，每年的农历正月十五元宵节前后，人们都挂起象征团圆意义的红灯笼，营造一种喜庆的氛围。后来灯笼就成了中国人喜庆的象征。 灯笼又寄托着人们对美好生活的愿望，是吉瑞祥和的象征。张灯祭神开始于西汉，在北宋达到鼎盛时期。到了唐代，朝廷和民间都很重视灯节活动，在民间盛行张灯结彩、出游观灯的习俗
劳动课程设计	【单元总课时】：6课时 （一）情境与活动设计（可选） 活动1.灯笼实物展示与观察。 活动2.学生着古风服饰，提灯笼"走秀"。 活动3.配乐诗朗诵。 （二）劳动技能学习 灯笼的设计与制作： 1.材料与工具、安全使用。 2.制作流程：灯笼设计—搭建灯笼结构—制作灯罩（绘画、镂刻、剪纸等美化与装饰）—安装LED灯—组装完成。 （三）劳动成果展示 灯笼作品展示与交流、情景剧设计与表演、校园装饰展等

跨学科协同	●语文学科——诗词歌赋、散文描写等美文美句，如： 去年元夜时，花市灯如昼。（欧阳修《生查子·元夕》） 今年元夜时，月与灯依旧。（欧阳修《生查子·元夕》） 美人慵翦上元灯，弹泪倚瑶瑟。（朱敦儒《好事近·春雨细如尘》） ●美术学科——灯罩设计、绘画、制作与美化，呈现艺术效果。 ●物理（科学）学科——电的知识、LED电路的连接与安装
工具与材料	1.基础工具：铅笔、记号笔、马克笔（多色）、毛笔、小棕毛刷、调色盘、笔洗、尺子、剪刀、笔刀、美工刀、小手工钳、剪线钳、小手工锯、防割手套、白乳胶、热熔胶枪等。 2.基本材料：细竹竿、宣纸、硫酸纸、银掺正丹纸、海绵纸、国画颜料、墨水、钓鱼线、LED灯带、木板、导线、热熔胶条、开关等。 3.拓展材料（废旧材料环保利用）：透明塑料瓶（罐），大小适中
劳动技能	1.设计表达：灯笼的草图设计与结构设计 作为传统的照明用具，灯笼通常分为如下结构： 挂绳：顾名思义就是让灯笼挂于手柄或挂钩处的绳子。 灯体：包括支架（部分款式支架与底座为一体）与灯罩（通常灯罩是起"防风+装饰"作用）。 底座：通常用于放置蜡烛或灯台。 流苏：装饰灯笼，并且有一定的平衡作用。 2.技能应用：四角宫灯示例 （1）灯笼结构的设计与搭建：依据设计灯笼大小的长度需求，锯出12根小竹竿（小木条），利用细棉绳或钓鱼线进行四个角的捆扎固定，要求结构稳固，四角平齐，各面没有倾斜。

劳动技能	注意细节的捆扎牢固度，建议用透明钓鱼线，更加美观。 特别说明，使用钓鱼线，一定确保安全第一！ （2）灯罩的设计、绘画与制作：根据灯笼骨架剪裁——绘画  （3）电子技术制作：LED电路的安装（难易可选，一颗灯珠、多颗灯珠、编程闪烁等） （4）安装流程：灯笼的组装与检测。接入照明设备、导线以及开关。（右图为作品实际效果！）  【制作样例】 样例1——四角宫灯制作 1.测量尺寸并标注 

劳动技能	2.手工锯切割  3.胶枪使用并粘合骨架  4.测量并裁剪纸张 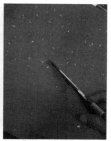 5.美术加工纸张（手工刻纸或激光雕刻） 

劳动技能	6.成品效果图

	样例2——圆柱形灯笼制作
	1.测量与裁剪
	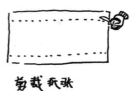
	2.美化与粘贴

	3.成品效果图
	 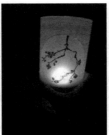 

续表

劳动技能	4.照明设备的选取 以LED灯组，作为设备，木制底座，金属丝制作撑架（涉及木工与金属丝工艺）
劳动成果	比一比，评一评 评价标准： 1.结构是否牢固。 2.电路接入是否安全且准确通路。 3.是否具备一定的美术装饰性以及视觉观赏性
劳动评价	1.分享劳动成果。（师生、家人、亲朋好友等） 2.走出课堂，布置校园"灯笼角"，选择优秀作品进行校级展示

劳动感悟	劳动日记	作品欣赏	劳动兴趣

设计者	华东师范大学附属紫竹小学　杨为攀

【生活中劳动作品应用实例】

真实情境：

原来家里餐厅里的吊灯因配置的是金属灯罩，遮光，光线较暗，于是需要对吊灯进行改造。

改造方法：

（1）拆除金属灯罩，光线明亮。但是很刺眼，不舒服，需要让光线变柔和。（图2-2-16）

图2-2-16　改造前的餐厅灯具

（2）制作"磨砂灯罩"。采用宣纸和油画棒最常见的材料，绘制几幅小图，加以装饰，柔光效果和美化装饰的效果就出来了。（图2-2-17）

图2-2-17　改造后的餐厅灯具

课程意义：

学习了灯笼制作的方法后，通过灯罩的设计、美化和装饰，就实现了柔光效果，这说明所学到的知识技能、"美劳"共育的熏陶，都可以让学生在生活中去发现问题并解决问题，并在此过程中通过设计、绘画、制作等实践尝试去设计美、创造美，真正地做到了学以致用，真正地体现了劳动创造美好生活的课程内涵。劳动课程中的所学所获，都将成为涵养学生心灵成长与能力提升的汩汩清泉。

目前此劳动课程仍在开发的初期规划中，也引起了部分区域教研共同体成员的关注和参与，后期计划成立"光与影"专项教研共同体，继续对"光影之美"课程、"灯笼的设计与制作"、"灯光装饰设计"等劳动课程做进一步深入分类研究；对项目内涵挖掘、劳动核心素养培育、单元课程内容设计、技术项目研究、劳动能力与品质培养等方面做更加细化的学科专业研究。

很多学科研究工作还处于未完待续的状态，但是只要有了教研共同体的支持，有了志同道合的伙伴合作，不管是区域教研共同体，还是小型、微型教研共同体，教师都可以在其中根据研究项目、教研目标、教师专业发展互助以及共同的教研愿景而组建出适合教师个性化教学研究与专业发展的教研共同体，在团队的支持、互助合作及相互鼓励中走出一条通向光明与未来的新路，这也是我们针对专、兼职教师比例不均衡、教师专业特长不集中的劳动课程教师所做的专项研究，希望区域教研共同体的构建能为教师提供专业发展的良好教研氛围和教研环境，为教师的专业成长与发展积极助力。

【备注】

以上案例图片均来自近两年全区各校师生的日常教学和劳动作品展评。

结　语

　　上海市闵行区劳动技术学科（劳动课程）区域教研共同体构建中，得到了领导、专家和各位同人的大力支持，大家共同建立愿景、设立目标、倾情合作、共同面对困难和问题，全力解决并勇往直前。

　　通过区域教研共同体的构建，劳动课教师已经明确了区域教研的意义，努力在区域教研自觉中自为，努力去获得自身的专业成长与专业发展。共同体的教研氛围和教研环境，基本能够做到教研遍达，教研员、教师，包括相关学校都在区域教研中各有收获。区域教研共同体的构建首先是因为任教劳动课程的教师群体需要在教学、教研上找到学科归属感，并实现教师自身的专业发展；再者，很多共同体成员在教学中有着个性化的发展需求和发展愿景，有着自身的专业特长，所以有了区域教研共同体，很多成员之间因为共同的愿景而开始构建小微共同体，最为显著的就是由美术教师兼职劳动课教师而建立的"美劳"共育教研共同体，从而也带动了区域性"美劳"共育的教研特色，实属发挥共同体成员的专业特长，并从中看到各成员因为教研共同体的驱动而呈现出充满热爱、不断创新、育美促劳的利好教研态势。相信我们会继续探索并实践下去。

　　鉴于劳动课程教师群体的特殊性，区域教研共同体的建设还有很长的教研之路要走，继续去研究和实践，我们的区域教研共同体建设仍然继续且学、且研、且成长。

　　此书的编写与出版，离不开我的导师、学科专家的指导和帮助，离不开学院领导和各位同人的关心与支持，更离不开我们教研共同体内各位志同道合的伙伴们的支持与参与，也离不开我亲爱的家人们的关心与鼓励，也离不开上海市慈善基金会和闵行区春申教育发展基金会的支持与协助，在此向大家一并致谢，你们都是我前行路上的光，正是有了你们的一路陪伴，我才能教有所成，研有所获，感恩所有，未来必将踔厉前行，行稳致远。

参考文献

一、著作类

［1］张薇. 沟通的素养［M］. 北京：经济管理出版社，2017.

［2］理查德·普林. 约翰·杜威［M］. 吴建，张韵菲，译. 哈尔滨：黑龙江教育出版社，2016.

［3］宋萑. 教师专业共同体研究［M］. 北京：北京师范大学出版社，2015.

［4］迈克尔·J. 马奎特. 学习型组织的顶层设计［M］. 顾增旺，周蓓华译. 北京：机械工业出版社，2015.

［5］王忠. 培训与开发［M］. 北京：科学出版社，2015.

［6］潘丽芳. 教师实践性知识研究［M］. 上海：华东师范大学出版社，2015.

［7］金红梅，郝秀辉，李海丽. 区域教研与教师专业发展［M］. 北京：中国青年出版社，2015.

［8］魏会廷. 教师学习共同体——促进教师专业发展的新途径［M］. 武汉：武汉大学出版社，2014.

［9］叶澜. 教育研究方法论初探［M］. 上海：上海教育出版社，2014.

［10］上海市教育委员会教学研究室. 设计 技术 创新［M］. 上海：上海教育音像出版社，2013.

［11］张康之，张乾友. 共同体的进化［M］. 北京：中国社会科学

出版社，2012.

［12］戴安娜·不赖登，威廉·科尔曼. 反思共同体——多学科视角与全球语境［M］. 严海波，等译. 北京：社会科学文献出版社，2011.

［13］斐迪南·滕尼斯. 共同体与社会［M］. 林荣远，译. 北京：北京大学出版社，2010.

［14］罗博·麦克布莱德. 教师教育政策：来自研究和实践的反思［M］. 洪成文等译. 北京：北京师范大学出版社，2009.

［15］哈蒙. 有力的教师教育：来自杰出项目的经验［M］. 鞠玉翠等译. 上海：华东师范大学出版社，2009.

［16］彼得·德鲁克. 管理的实践［M］. 齐若兰，译. 北京：机械工业出版社，2009.

［17］郑威. 学习共同体：文化生态学习环境的理想架构［M］. 北京：教育科学出版社，2007.

［18］王守恒，姚运标. 课程改革与教师专业发展［M］. 合肥：安徽教育出版社，2007.

［19］周广强. 教师专业能力培养与训练［M］. 北京：首都师范大学出版社. 2007.

［20］陈桂生，赵志伟. 现代教师读本教育卷［M］. 南宁：广西教育出版社，2006.

［21］加纳·E. 霍尔，雪莱·M霍德. 实施变革：模式、原则与困境［M］. 吴晓玲，译. 杭州：浙江教育出版社，2004.

［22］肖川. 教师：与新课程共成长［M］. 上海：上海教育出版社，2004.

［23］王鸿江. 现代教育学［M］. 上海：上海教育出版社，2001.

［24］坎贝尔，狄瑾逊. 多元智能教与学的策略［M］. 王成全，译. 北京：中国轻工业出版社，2001.

［25］雅斯贝斯著. 生存哲学［M］. 王玖兴，译. 上海：上海译文出版社，1994.

［26］艾伦·雷普克. 如何进行跨学科研究［M］. 傅存良，译. 北京：北京大学出版社，2021.

［27］潘裕民. 教师专业发展的理论取向与实现路径［M］. 桂林：广西师范大学出版社，2014.

［28］潘裕民. 项目化学习的实施：学习素养视角下的中国建构［M］. 北京：教育科学出版社，2020.

［29］杨向谊. 如何当好教研组长——中小学教研组长专业素养与行动［M］. 北京：中国轻工业出版社，2021.

［30］阿卡西娅·M. 沃伦. 跨学科项目式教学：通过"+1"教学法进行计划、管理与评估［M］. 孙明玉，刘白玉，译. 北京：中国青年出版社，2020.

［31］陈静静等. 跟随佐藤学做教育：学习共同体的愿景与行动［M］. 上海：华东师范大学出版社，2015.

［32］柯岩. 奇异的书简［M］. 成都：四川人民出版社，1980.

［33］中国大百科全书总编辑委员会《教育》编辑委员会. 中国大百科全书·教育［M］. 北京：中国大百科全书出版社，1986.

［34］杜东枝. 美·艺术·审美——实践美学原理［M］. 昆明：云南大学出版社，云南人民出版社，2015.

［35］扈中平. 现代教育学［M］. 北京：高等教育出版社，2013.

二、期刊类

［1］毕淑敏. 让我们倾听［J］. 青年博览，2017（10）.

［2］于光. 倾听技术在心理咨询中的应用［J］. 科普童话，2017（6）.

［3］伍凌銎. 对语言本质及言语表达过程的思考［J］. 开封教育学院学报，2017（2）.

［4］卢德平. 社会沟通：观念与话语［J］. 中国农业大学学报（社会科学版），2017（4）.

［5］李云. OTO模式探讨［J］. 福建质量管理，2016（2）.

［6］吴绍晋. 中学语文主体互动教研共同体构建的探索与反思［J］. 语文教学之友，2015（1）.

［7］胡军，严丽. 区域"教研活动课程化"的内涵与实践价值［J］. 教育理论与实践，2015，35（2）.

［8］陈春芝. 区域教研应多措并举［J］. 教育实践与研究，2015（36）.

［9］倪志刚. 用"问题群"引领和深化区域教研［J］. 人民教育，2015（8）.

［10］柳东海. O2O模式转型下的企业财务战略应对［J］. 财务会计，2015（17）.

［11］周静忠，冯建跃. 从实践层面谈学校教研共同体建设——以高中物理开展有效教学活动为例［J］. 物理教师，2014（35）.

［12］陈中岭. 县域多维网络联动教研共同体的构建与实验研究［J］. 现代中小学教育，2014（30）.

［13］李素琴. 建设自主互动、合作共赢的区域教研文化［J］. 中小学管理，2014（3）.

［14］俞翠山. 基于BBS的区域网络教研探索与实践研究——以武威市信息技术网络教研为例［J］. 西北师范大学，2014.

［15］郑望. 构建区域教研共同体助推教师专业化成长［J］. 幼儿100（教师版），2013（4）.

［16］阴祖宝，倪胜利. 走向专业学习共同体的教研组变革［J］. 现代中小学教育，2013（8）.

［17］祝晓燕. 区域教研的视角与实践——以无锡市滨湖区区域教研的实践为例［J］. 科学大众（科学教育），2013（10）.

［18］张莉，武俊学. 构建教研共同体：区域教研机制建设新途径［J］. 河北教育（综合版），2012（5）.

［19］田长青. 区域教研方式转变的思路、策略与抓手［J］. 江苏教育，2012（10）.

［20］韩明秋．利用区域教师博客群构建教师学习共同体［J］．广西教育学院学报，2008（3）．

［21］谢树华．关于联片教研的几点思考［J］．科技资讯，2007（18）．

［22］秦元东．幼儿园科学教育活动中集体活动与区域活动关系研究［J］．幼儿教育（教育科学版），2006（6）．

［23］许继红，王宝兰．广义教育·狭义教育·教学［J］．山西广播电视大学学报，2006（50）．

［24］蒋海棠，夏慧贤．英国中小学教研组长的专业标准［J］．全球教育展望，2005（1）．

［25］徐长发．我国劳动技术教育的发展［J］．教育研究，2004（12）．

［26］吴义昌．对教研活动价值的再认识［J］．徐州师范大学学报，2003，29（2）．

［27］吴咏诗．终身学习——教育面向21世纪的重大发展［J］．教育研究，1995（12）．

［28］王倩．浅析什么是艺术——美的多重性［J］．大众文艺，2015（1）．

三、标准类

［1］上海市中小学（幼儿园）课程改革委员会．上海市中学劳动技术课程标准［S］．上海：上海科技教育出版社，2007.

［2］上海市中小学课程改革委员会．上海市中学艺术课程标准［S］．上海：上海教育出版社，2004.

［3］中华人民共和国教育部．义务教育劳动课程标准（2022年版）［S］．北京：北京师范大学出版社，2022.

［4］中华人民共和国教育部．义务教育艺术课程标准（2022年版）［S］．北京：北京师范大学出版社，2022.

［5］上海市教育委员会教学研究室．中小学劳动技术单元教学设计指南［S］．北京：人民教育出版社，2018．

［6］上海市教育委员会教学研究室．上海市中小学劳动技术学科德育教学指导意见［S］．上海：华东师范大学出版社，2021．

四、学位论文类

［1］李开春．区域教师学习共同体研修策略的实践研究——以溧阳市地理E团队为例［D］．南京：南京师范大学，2015．

［2］李金奇．中学语文教师语言表达能力培养与训练的探究［D］．信阳：信阳师范学院，2014．

［3］潘体福．学习型学校建立共同愿景的策略研究［D］．北京：首都师范大学，2013．

［4］王志军．初中文科综合教研共同体的建设研究［D］．杭州：杭州师范大学，2012．

［5］窦青杨．初探学科教研共同体的构建 ——以扬州中学英语教研共同体为例［C］// 江苏省教育学会．2012江苏省教育学会学术年会．2012．

［6］黎进平．专业学习共同体中的教师专业发展：美国的实践及启示［D］．兰州：西北师范大学，2007．

［7］吴勋．论教师学习共同体的构建［D］．上海：上海师范大学，2007．

五、外文类

［1］Southwest Educational Development Laboratory．Professional Learning Communities：What are they and why are they important？［EB / OL］．http：//www．sedl．org，change / issues / issues6 1．Html

［2］MCBEACH．HERBERT．Teaching．Strategise and methods for

student-centered instruction ［M］. toronto： Harcoure Brace， 1995： 346.

［3］HEZALIP. Outcome interview：Tom guskey［J］. Outcomes，1993（1）.

附录一 调查问卷

闵行区劳动技术学科"区级教研活动"现状调查问卷

（教师卷）

尊敬的老师：

您好！这是一份有关劳动技术学科"区级教研活动"现状的调查问卷，大约需要耽搁您10分钟时间回答有关问题。所有的问题都没有对错之分，请您按照提示，根据个人的实际情况和真实想法进行答题。问卷无须署名，所提供的资料和回答情况仅供研究参考。真诚地希望能得到您的合作，衷心感谢您的支持与配合！

备注：请在横线上填写有关数据或者选项代号。多选题会特别标注，其余都是单选题。

一、关于您的背景资料

1. 性别：_____

2. 年龄：_____

3. 您的学历：_____

    A．本科　　　　　　　　B．研究生课程班

    C．硕士在读　　　　　　D．硕士研究生

4. 您的学科背景：_____

    A．语、数、外三门主学科　　　　　　　　B．物理

    C．自然、科学、化学、生物等理科学科　　　D．美术

    E．信息、音乐、体育、研究型、拓展型课程等学科　　F．劳技

5. 您的职称：＿＿＿＿＿＿

    A. 初级教师   B. 中级教师   C. 高级教师

6. 您目前担任的校内、外职务是（可多选）：＿＿＿＿＿＿

    A. 校级领导   B. 中层干部

    C. 教研组长   D. 班主任   E. 学科教师

    F. 学科中心组成员   G. 教材编写人员

    H. 科技辅导员   I. 社团活动指导教师   J. 其他（请说明）

7. 您每周的课时数：＿＿＿＿＿＿

    A. 4～8节   B. 8～12节

    C. 12～18节   D. 18节以上

8. 您参与教科研工作的情况（可多选）：＿＿＿＿＿＿

    A. 每学期完成论文1篇   B. 每学年完成论文1篇

    C. 每3年完成论文1篇   D. 每2～5年申报课题1份

    E. 每5～10年申报课题1份   F. 无论文和课题

    G. 没必要申报课题   H. 没时间写论文或课题

9. 您认为自己目前的专业发展状态是：＿＿＿＿＿＿

    A. 还有很大发展空间，等待机遇到来

    B. 虽然发展空间还很大，但是精力有限

    C. 发展空间不大，但还想挑战自己

    D. 基本保持现状，略有发展

    E. 状态逐渐下滑，只要胜任学校工作即可

10. 您认为自己承担的教学工作：＿＿＿＿＿＿

    A. 很适合，压力不大   B. 有点压力，但能胜任

    C. 感觉体力不支，压力也很大   D. 其他（请说明）

二、关于您参加劳技学科区级教研活动的情况（现状）

1. 您每次按时参加区级教研活动情况：＿＿＿＿＿＿

    A. 能参加   B. 偶尔不参加   C. 偶尔参加

D．只参加开学教研等重大教研活动　　E．基本不参加教研

2．您不能按时参加区级教研活动的原因（可多选）：_____

A．学校安排轮流参加　　　　　　B．与其他学科区级教研冲突

C．学校在教研活动时间安排上课或工作：_____

D．路程太远不方便参加　　　　　E．太忙没时间参加

F．已参加其他学科教研　　　　　G．学校没有通知到位

H．其他（请说明）

3．您认为哪种区级教研活动形式更适合您：_____

A．现场教研　　　　　　　　　　B．网络教研

C．QQ、微信即时性教研　　　　　D．个别交流式教研

4．您认为劳技教师群体：_____

A．教学压力不大　　　　　　　　B．可以创造性工作

C．学科地位相对弱化　　　　　　D．教师专业发展相对不明显

5．您认为您需要哪些类型的教师培训（可多选）（请在对应的选项中打"√"）

A．学科知识与理论		B．学科专业技能技巧	
C．教科研及学科论文指导		D．信息技术应用	
E．课程资源与课程开发		F．教学评价	
G．创新与实践		H．教师身心保健及调适	
I．竞赛技能训练与指导		J．教学实践案例分享	
其他（请说明）			

三、关于您参加劳技学科区级教研活动的问题和建议

1．您认为参加区级教研的目的是（可多选）：_____

A．可以获得更多的学科性工作信息

B．可以与同行进行交流，获得指导和帮助

C．可以有学习和提高的机会

D．可以观摩教学、帮助解决教学中的实际问题

E．可以获得学分

F．可以出来放松一下身心

G．其他（请说明）

2．您参加区级学科教研活动的情况是：＿＿＿＿＿＿

A．学校指定参加 　　　　　B．没有其他教研，只能参加

C．是工作的一部分，应该参加 D．对自己有帮助，自愿参加

3．您认为每学期参加区级学科教研活动的频率为多少较为合适：＿＿＿

A．2次 　　　　　　　　　　B．3次

C．4次（约每月1次） 　　　D．5次及以上（约每2～3周1次）

4．您认为区级学科教研对推进学科教研或教师专业发展方面的作用如何：＿＿＿＿＿＿

A．有点作用 　　　　　　　B．有一定作用

C．没有作用 　　　　　　　D．有很大作用

5．您认为在区级学科教研活动中，可供分享的资源：＿＿＿＿＿＿

A．没什么变化 　　　　　　B．更加丰富

C．很一般 　　　　　　　　D．减少了

6．在区级学科教研中，您愿意和大家一起分享教育教学经验或积极开展合作学习吗？＿＿＿＿＿＿

A．愿意 　　　　　　　　　B．不愿意

C．没什么值得分享的 　　　D．可以跟着大家学

7．您认为区级学科教研需要哪些制度保障？（可多选）：＿＿＿＿＿＿

A．管理制度 　　　　　　　B．组织人员分工与职责

C．监督制度 　　　　　　　D．协作活动的引导与监督制度

E．激励制度 　　　　　　　F．成果分享制度

G．带教制度 　　　　　　　H．评价反馈制度

8．您认为区级学科教研需要提供哪些资源？（可多选）：＿＿＿＿＿＿

A．教学资源 　　　　　　　B．课程资源

C．技术资源 　　　　　　　D．人力资源

　　E．物质资源　　　　　　　　F．理论研究资源

　　9．在区级学科教研的组织和管理中，为提升教研的有效性，您认为教师应该具备哪些能力与品质？（所选不超过6项）：_____

　　A．专业知识与技能　　　　　B．合作学习能力

　　C．乐于分享

　　D．交流、互动、沟通、协作等交往能力

　　E．反思实践能力　　　　　　F．研究或探究能力

　　G．转变观念、适应教学改革的适应能力

　　H．资源挖掘与利用的能力

　　I．乐于服务与奉献　　　　　J．组织管理能力

　　K．认真踏实、追求效率　　　L．教育技术应用能力

　　10．您和教师群体成员开展经常性的教研活动，在条件保障上存在的最大困难因素是？_____

　　A．时间因素　　　　　　　　B．场所因素

　　C．经费因素　　　　　　　　D．精力因素

　　11．您认为教师成员之间，不愿意共享资源的最主要原因是？_____

　　A．利益冲突，竞争需要　　　B．只对他人有利却不利己

　　C．不希望有人不付出却坐享其成

　　D．学校没有相应的奖励措施

　　12．您认为教师群体间合作的主要目的是什么？_____

　　A．捍卫小团体利益　　　　　B．搞好人际关系

　　C．促进教师专业发展　　　　D．不清楚

　　13．在您看来，如果没有行政力量支持，区级学科教研活动的开展是否存在困难？_____

　　A．没有困难　　　　　　　　B．可能有点困难

　　C．不会有太大困难　　　　　D．困难太大

　　14．您认为阻碍教师之间交流互助的主要原因是什么？（可多选）__

　　A．教师缺乏合作意识　　　　B．工作任务重，没有时间

　　C．缺少关于"同伴互助"的培训　　D．学校缺乏互助的氛围

E. 恶性竞争导致教师不能做到经验共享

15. 您认为教师参与区级学科教研活动的积极性来源于：＿＿＿＿＿＿

 A. 教研符合教师需求

 B. 给教师提供展示的机会和平台

 C. 教师能够获得一定的奖励或成果

 D. 个人的职业素养

16. 您认为区级学科教研活动应该由哪些人员负责组织工作（可多选）：＿＿＿＿＿＿

 A. 教研员   B. 中心组   C. 校际教研组

 D. 青年教师   E. 骨干教师   F. 专职劳技教师

 G. 对劳技学科教学有热情的教师   H. 有经验的老教师

17. 您认为自己在区级学科教研活动中最适合做的角色：＿＿＿＿＿＿

 A. 学习者   B. 经验分享者   C. 组织者

 D. 服务者   E. 合作者   F. 参与者

18. 您对区级学科教研的组织管理持有的态度：＿＿＿＿＿＿

 A. 需要进一步规范管理   B. 管理得"差不多"就好

 C. 现在这样也很好   D. 不要管太多，轻松点好

19. 您认为哪些类型的区级教研对您帮助较大（可多选）：＿＿＿＿＿＿

 A. 公开课教学   B. 听课、评课

 C. 论文、案例撰写   D. 培训或讲座

 E. 主题研讨   F. 观摩交流

 G. 跨校教研   H. 专题学习

 I. 其他（请说明）

20. 您对教研共同体概念的了解情况：＿＿＿＿＿＿

 A. 不了解   B. 听说过，有一点了解

 C. 感觉区级教研就有点像共同体   D. 没听说过，但可以理解

四、您认为区级学科教研工作存在哪些不足？应当如何改进？

附录二　访谈提纲

一、劳技学科教师用

1. 您如何理解区域教研共同体这一概念？
2. 您认为区域教研共同体建设对教师在教学、工作、专业发展等方面应该有哪些帮助？
3. 您认为在区域教研共同体中如何培养大家的共同愿景？
4. 您喜欢参与哪些类型的教研活动？为什么？
5. 您认为教师在交流互动和经验分享上会存在哪些优势或不足？
6. 您会选择哪些类型的教师培训？
7. 您希望在区域教研共同体中获得哪些资源？（教学资源、课程资源、技术资源、人力资源等）
8. 您对区域教研共同体的组织管理人员或人员分工有哪些要求或建议？
9. 您认为区域教研共同体应该如何运作才能更为方便有效？（哪些因素）
10. 您对自身的专业发展还有哪些期待？
11. 您如何看待终身学习理念？
12. 您认为广大教师在区域教研共同体中可以做到相互促进或互相激励吗？
13. 您觉得区域教研共同体管理需要建立哪些管理机制？

14. 您认为什么样的区域教研氛围会更容易吸引教师积极参与？

15. 您认为现在的区级教研氛围怎样？

16. 您如何理解教研文化？

二、学院领导用

1. 您认为区域教研共同体的建设对学科教研有哪些影响？（积极的影响或消极的影响）

2. 您认为建立区域教研共同体，教师自身需要哪些素质要求？教研员需要在哪些方面提高能力？学校需要在哪些方面进行积极配合？

3. 您认为学院可以为区域教研共同体的建设提供哪些支持？

4. 您认为有哪些因素可以促进区域教研共同体形成？

5. 您认为有哪些因素妨碍了区域教研共同体的建设？

6. 您对区域教研共同体的组织结构有什么建议？

三、学校校长或教导主任用

1. 您对区级学科教研工作有哪些需求和建议？

2. 您认为学校可以为区域教研共同体提供哪些资源？

3. 您认为有哪些因素可以促进区域教研共同体形成？

4. 您认为有哪些因素妨碍了区域教研共同体的建设？

5. 您认为教师在交流互动和经验分享上会持有什么样的态度？

四、 市、区教研员用

1. 您认为区域教研共同体的建设对学科教研有哪些影响？（积极的影响或消极的影响）

2. 您认为建立区域教研共同体，教师自身需要哪些素质要求？教研员需要在哪些方面提高能力？学校需要在哪些方面进行积极配合？

3. 您认为有哪些因素可以促进区域教研共同体形成？

4. 您认为有哪些因素妨碍了区域教研共同体的建设？

5. 您认为教师在交流互动和经验分享上会持有什么样的态度？